高僧傳

蓮池大師

雲棲袾宏

編撰——釋空行

【編撰者簡介】

釋空行

佛光大學宗教所碩士畢。

深感佛法是闡明宇宙人生的真諦，眾生藉由聞思修契入真理，依高僧為典範，把佛理融入生命，洗滌內心的垢染，邁向覺悟的大道。

曾任職臺北市國稅局和臺大醫學院；擔任過勝樂金剛中心講師、紐西蘭金剛總持佛學會講師、紐西蘭 Unitec College 宗教師、臺北市護持大乘法脈僧團當家師、經續法林會長、釋迦牟尼佛中心會長、桃園少輔院及桃園女子戒治所監獄佈教師。

現任：臺灣佛教僧伽終身教育學會理事；圓通佛學院講師；萬芳醫院、雙和醫院、亞東醫院臨床宗教師；臺北女子看守所監獄佈教師。

著有高僧傳系列之《蕅益智旭——地藏之孤臣》。

【「高僧傳」系列編輯序】

令衆生生歡喜者，則令一切如來歡喜

「為佛教，為眾生」六個字，乃是印順法師於臺北市龍江街慧日講堂（後因大門遷移，地址遷至朱崙街）為證嚴法師授予三皈依、並賜法名時的殷殷叮囑：「既然出家了，你要時時刻刻為佛教、為眾生。」

依證嚴法師解釋：「為佛教」是內修清淨行，「為眾生」則要挑起如來家業，走入人群救度眾生。因此法師稟承師訓，一心一志「為佛教還原教義，為眾生點亮心燈」，而開展慈濟眾生的志業。

歷代高僧之「為佛教、為眾生」

證嚴法師開創「靜思法脈，慈濟宗門」，並將其與「為佛教，為眾生」合釋：「靜思法脈」乃「為佛教」，是智慧；「慈濟宗門」即「為眾生」，是大愛。

進而言之，「靜思法脈，慈濟宗門」即菩薩道所強調的「悲智雙運」：「靜思法脈」是「智」，「慈濟宗門」是「悲」；傳承法脈、弘揚宗門就要「悲智雙運」，積極在人間發揮慈、悲、喜、捨四無量心。此亦即慈濟人開展四大志業、八大法印時的根本心要。

由其強調「悲智雙運」可知，「靜思法脈，慈濟宗門」並非標新立異，而是傳承佛陀教法以及漢傳佛教歷代高僧的教誨——包括身教與言教，並要求身心皆徹底踐履。為了讓世人明瞭慈濟宗門之初心與悲願，也讓這些歷代高僧的事蹟與精神更廣為人知，大愛電視臺秉持證嚴法師的信念，於二〇〇三年起陸續製作《鑑真大和尚》與《印順導師傳》動畫電影，將佛教史上高僧大德的動人故事，經由動畫電影的形式，傳遞到全世界。

因為電影的成功，大愛電視臺進一步籌畫更詳盡的電視版〈高僧傳〉——採取臺灣民眾雅俗共賞的歌仔戲形式。〈高僧傳〉的每一部劇本都是經過數個月的資料研讀與整理，縝密思考後才下筆，句句考證、字字斟酌。製作團隊感受到每一位大師皆以身作則、行菩薩道的特質，希望將每位高僧的大願與大行傳遍世界。

然而，不論是動畫或戲劇，恐難完整呈現《高僧傳》中所載之生命歷程，以及諸位高僧與祖師之思想以及對後世之貢獻。因此，慈濟人文志業中心便就〈高僧傳〉歌仔戲所演繹過的高僧，以《高僧傳》及《續高僧傳》之原著為基礎，含括了日、韓等國之佛教史上的知名高僧，編撰「高僧傳」系列叢書。我們不採取坊間已有之小說體形式，而是嚴謹地參照人物評傳的現代寫法，參酌相關之史著及評論，對其事蹟有所探討與省思，並將其社會背景、思想及影響皆納入，雜揉編撰，內容包括高僧的生平、傳承及主要思想或重要經典簡介。從中，我們不僅可以讀到歷代高僧的智慧與悲心，亦可一覽相關的佛教史地、典籍與思想。

在編輯過程中，我們可以看到歷代高僧之「為佛教，為眾生」：鳩摩羅什飽受戰亂、顛沛流離，仍戮力譯經，得令後人傳誦不絕，乃是為利益眾生；玄奘歷萬里之險取得梵本佛經、致力翻譯，其苦心孤詣，是為利益眾生；鑑真六次渡海欲至東瀛傳戒，眼盲亦不悔，是為利益眾生；六祖惠能隱居十五載以避害身之禍，只為弘揚如來心法，並言「佛法在世間，不離世間覺；離世求菩提，猶如覓兔角」，亦是為利益眾生……

這些高僧祖師大可獨善其身、如法修行以得解脫，為何要為法忘身、受諸逆境而不退？究其根本，他們不只是為了參究佛法，而是深知弘揚大乘佛法的目的乃在於大慈大悲地度化眾生、讓眾生能得安樂；若不能讓眾生同霑法益，求法何用？如《大智度論．卷二七》所云：

> 一切諸佛法中，慈悲為大；若無大慈大悲，便早入涅槃。

由此可知，就大乘精神而言，「為佛教」即應「為眾生」，實為一體之兩面。

「大悲」為「諸佛之祖母」

除了歷代高僧之示現，「為眾生」之菩薩道的實踐，於經教中更是多不勝數、歷歷可證。例如，《無量義經．德行品第一》便說明了菩薩作為眾生之大導師、大船師、大醫王之無量大悲：

> 無量大悲救苦眾生，是諸眾生真善知識，是諸眾生大良福田，是諸眾生不請之師，是諸眾生安隱樂處、救處、護處、大依止處。處處為眾作大導師，能為生盲而作眼目，聾劓啞者作耳鼻舌；諸根毀缺能令具足，顛狂荒亂作大正念。船師、大船師運載群生渡生死河，置涅槃岸；醫王、大醫王，分別病相曉了藥性，隨病授藥令眾樂服；調御、大調御，無諸放逸行，猶如象馬師，能調無不調；師子勇猛，威伏眾獸，難可沮壞。

如來於《法華經．觀世音菩薩普門品》中宣說，觀世音菩薩更以三十三種應化身度化眾生：

佛告無盡意菩薩：善男子，若有國土眾生，應以佛身得度者，觀世音菩薩即現佛身而為說法；應以辟支佛身得度者，即現辟支佛身而為說法；應以聲聞身得度者，即現聲聞身而為說法；應以梵王身得度者，即現梵王身而為說法；應以帝釋身得度者，即現帝釋身而為說法……應以天龍、夜叉、乾闥婆、阿修羅、迦樓羅、緊那羅、摩侯羅伽、人非人等身得度者，即皆現之而為說法；應以執金剛神得度者，即現執金剛神而為說法。無盡意，是觀世音菩薩成就如是功德，以種種形遊諸國土，度脫眾生，是故汝等應當一心供養觀世音菩薩。是觀世音菩薩摩訶薩，於怖畏急難之中能施無畏，是故此娑婆世界皆號之為施無畏者。

為何觀世音菩薩要聞聲救苦？因為菩薩總是「人傷我痛、人苦我悲」，恆以「利他」為念。如《大丈夫論》所云：

菩薩見他苦時，即是菩薩極苦；見他樂時，即是菩薩大樂。以是故，菩薩恆為利他。

正是因為這般順隨眾生、「以種種形」而令其無畏的無量悲心，讓觀世音菩薩受到漢傳佛教乃至於華人民間信仰的共同崇敬。慈濟人之所以超越貧富、超越國界、超越宗教地去關懷與膚慰需要幫助的生命，便是效法觀世音菩薩無量悲心、無量應化的精神。

在《法華經．普賢菩薩勸發品》中發願、將於佛滅後守護及教導受持《法華經》之眾生的普賢菩薩，於《華嚴經．普賢行願品》中則教導善財童子如何供養諸佛，亦揭示了如來、菩薩、眾生的關係：

> 於諸病苦，為作良醫；於失道者，示其正路；於闇夜中，為作光明；於貧窮者，令得伏藏。菩薩如是平等饒益一切眾生。何以故？菩薩若能隨順眾生，則為隨順供養諸佛；若於眾生，尊重承事，則為尊重承事如來；若令眾生生歡喜者，則令一切如來歡喜。何以故？諸佛如來，以大悲心而為體故。因於眾生，而起大悲；因於大悲，生菩提心；因菩提心，成等正覺。……若諸菩薩，以大悲水饒益眾生，則能成就阿耨多羅三藐三菩提故。是故菩提，屬於

眾生；若無眾生，一切菩薩終不能成無上正覺。善男子，汝於此義，應如是解。以於眾生心平等故，則能成就圓滿大悲；以大悲心隨眾生故，則能成就供養如來。

《大智度論．卷二〇》亦云，佛陀強調，大悲心乃是諸佛菩薩之根本，具大悲心方能得般若智慧，亦方能成佛：

大悲，是一切諸佛、菩薩功德之根本，是般若波羅蜜之母，諸佛之祖母。菩薩以大悲心，故得般若波羅蜜；得般若波羅蜜，故得作佛。

「菩薩若能隨順眾生，則為隨順供養諸佛；若於眾生，尊重承事，則為尊重承事如來；若令眾生生歡喜者，則令一切如來歡喜。」閱及此段，不禁令人深深體會證嚴法師之智慧與悲心：慈濟宗門四大、八印之聞聲救苦、無量應化地「為眾生」，也是同時「為佛教」地供養諸佛、令一切如來歡喜啊！

歷代高僧雖未如慈濟宗門般推動慈善、醫療、乃至於環保、國際賑災等志業，乃因其時空因素，欲度化眾生先以弘揚大乘經教與法義為重；現今經教已備，所須的乃是效法菩薩道之力行實踐！慈濟宗門便是上承歷代高僧與經論之教法，推動四大、八印，行菩薩道饒益眾生，以此供養如來。

換言之，歷代高僧之風範、智慧及悲願，為佛教，也為眾生，此即諸佛菩薩之本懷，亦為慈濟宗門之本懷！這便是《高僧傳》系列叢書所欲彰顯者。

遙企歷代高僧儼然身影，我們可以肯定：為眾生，便是為佛教；為佛教，一定要為眾生！

【推薦序】

「老實念佛」的蓮池大師

——陳旺城（佛光大學宗教學研究所創所所長）

本書的主角蓮池大師（雲棲袾宏）生於明世宗嘉靖十四年（一五三五），圓寂於明神宗萬曆四十三年（一六一五）。蓮池大師被世人尊稱為晚明佛教的復興者、明末四大高僧之一、中國淨土宗第八代祖師以及中國華嚴宗第二十二代祖師。

佛教自東漢傳入中土後，逐漸發展成八個宗派。八派中的禪宗自唐代以後即一枝獨秀，到明代發展至極盛，甚至出現狂禪、口頭禪等偏差風氣。面對佛門的頹風，大師憑著自身之博學與慧根，以有力的論述，調和了淨土與禪宗的差異。甚至對於佛教以外的宗教與思維，大師仗其兼容並蓄的特殊天賦，建立起以佛教為根本、同時又能兼攝各宗各教的主體論，並提倡以經教為解門、以淨土為行門的「雲棲派」，亦影響後來中國佛教的發展。

關於大師提倡「禪淨不二」的論點，他在《淨土疑辨》中提到：「淨土之教，專一心而嚮往，歷三界以橫超，誠哉末法之要津也。」又說：「歸元性無二，方便有多門；曉得此意，禪宗淨土，殊途同歸。」至於禪宗與律、教之間的關係，大師認為：「參禪者，借口教外別傳，不知離教而參是邪因也，離教而悟是邪解也」、「若人持律，律是佛制，正好念佛；若人看經，經是佛說，正好念佛；若人參禪，禪是佛心，正好念佛。」由上可知，禪、淨、律、教諸宗，回歸本源之性，並無分歧。

大師亦主張「念佛」一法涵蓋八萬四千法門：

佛有無量德，今但四字名號，足以該之。以彌陀即是全體一心，心包眾德；常樂我淨，本覺始覺，真如佛性，菩提涅槃，百千萬名，皆此一名攝無不盡。

專持者，眾生學佛，亦有無量行法，今但持名一法，足以該之。以持名即是持此一心；心該百行，四諦六度，乃至八萬四千恆沙微塵一切行門，攝無不盡。

如此以念佛一法含攝諸法的觀點，深深啟迪後世佛教的發展，諸如蕅益大師、印光大師，乃至近代的廣欽老和尚，皆是同樣的觀點。

除了佛教本身，明末四大師皆主張三教（儒、道、釋）合一。蓮池大師云：「有聰明人，以禪宗與儒典和會，此不惟慧解圓融，亦引進諸淺識者，不復以儒謗釋，其意固甚美矣。雖然，據麤言細語，皆第一義，則誠然誠然；若按文析理，窮深極微，則翻成戲論，已入門者又不可不知也。」對大師而言，禪宗與儒典本就可以完美融會的。

大師雖主張諸法殊途同歸，然行門上仍主張「持名念佛」、「老實念佛」。大師圓寂前，仍交代「大眾老實念佛，毋捏怪，毋壞我規矩。」大師雖博通三藏，但其一生落實「老實念佛」，亦影響後世，啟迪了近代佛教的樣貌。

本書的另一個特色為，對於大師所流傳下來之著作予以廣泛摘錄引用，讀者可以藉此更清楚地理解大師知見的依據，甚至一窺其間心境的轉變——

大師一生在各個不同時期有著不同的「天命」。在三十五歲前，致力於弘揚戒律。中年時期，一方面深入經藏，為後世辨明佛陀正法而持續筆耕；另一方面，在實修部分則聚焦在淨土法門。到了晚年，大師尤致力於教導弟子「老實念佛」，求生極樂淨土。

空行法師是我在佛光大學宗教所的學生。法師自幼品學兼優，小學畢業獲得縣長獎，國中畢業獲得智育獎；就讀大專時，即通過普考；畢業之際又通過高考。曾服務於國稅局及臺大醫學院，表現優異，深得主管讚賞。由於他在求學期間即研讀佛教的經論，遨遊於浩瀚的佛理，自得其樂。在懇求父母同意後，正當年輕有為之際，毅然放下公職，全心投入佛門的修行，並且解行並重。

法師出家後，曾擔任臺北和臺中道場的負責人，也曾應邀到紐西蘭道場擔任中文佛學老師及大專院校的宗教師。他在研究所時，治學嚴謹、課業優異，為人平易近人、個性隨和。此外，他多年來在醫院擔任臨床宗教師及監獄弘法，並在佛學院授課，貢獻所能，服務社會。身為其師，我倍感榮幸。

最近欣聞法師應慈濟人文志業中心邀請撰寫蓮池大師的傳記，並邀我作序推薦。我個人閱讀此書後，除了加深對蓮池大師的認識，也得到不少獲益與法喜。在此，我很樂意以這篇短文作為簡介，並且推薦本書給讀者諸君。

【編撰者序】

「淨土宗上下千古最圓純者」——蓮池大師

雲棲袾宏，又稱蓮池大師（西元一五三五年至一六一五年），是中國佛教淨土宗的第八代祖師。

大師在淨土的傳承中，有著非常獨特的地位，可說是近代念佛法門之濫觴。明末以來，淨土宗的發展以及與禪宗的融會，與大師的力倡有很大的關聯；亦造就此後淨土宗的統整樣貌，以及淨土一脈人才輩出的盛況。

中國佛教發展到唐代以後，禪宗開枝散葉，大有凌駕佛教諸宗之勢；宋、元、明三代，禪宗更是大行其道。而儒學融合禪宗思想，開啟了另一種新的思潮，即是「宋明理學」。這些發展對當代的士大夫以及佛弟子影響深遠；長久以來，佛教各宗派很難不受到禪宗的影響。

明太祖將佛教寺院分成「禪、講、教」等三類寺院。其中以「禪僧」地位最高，只有禪僧可以出任僧官。蓮池大師在禪宗風氣盛行的情況下力倡淨土宗，著實不易。

以大師所處的時代，佛道儒三教思想交互影響；在明末那般動盪的時代（可參閱拙著《蕅益智旭——地藏之孤臣》以及智嚴法師編撰之《紫柏真可——鐵膽禪僧》的「緣起」部分），淨土思想固然為人所熟知；然而，受禪宗的影響，淨土宗在佛法的主體性似乎顯得輕微。深通經論及禪宗的大師高舉「念佛」大旗，令「似平易而實深密」的淨土法門得以深入人心。

大師的淨土思想，主要體現在「老實念佛」、「持名念佛」、「隨時念佛不輟」等三個面向；這股堅實的思想沃壤，培植了明末的蕅益大師，乃至民國的印光大師及廣欽老和尚等高僧。

首先要從大師的少年談起。在大師年少的心靈，一開始學佛的機緣就很「正」：其受到鄰居老婆婆念佛的啟發，領悟到「出生死事才是正辦」，從此將念佛一事放在心中，並寫下「生死事大」四個字放在案頭警策自己。這使得大師一開始學佛就有了很明確、甚至單純的目標。

大師三十三歲時，在京城與二十餘位同參道友，拜謁遍融禪師請教佛法。遍融禪師云：「莫貪求名利，不攀緣權貴，唯以一心辦道，老實持戒念佛。」與大師同行的參學聽到開示後，覺得禪師的開示很平常，沒有什麼特別；大師卻認為獲得很寶貴的開示。

大師於雲遊參學的壯年時期，相當幸運地未被「邪師所誤」（在理學與禪宗興盛的當時相當不易），再度得到了很「正」的知見；當然，大師本身具有智慧和善根，才能體會遍融禪師樸實無華的幾句話乃是實實在在的寶貴開示。

遍融禪師不愧為當代的高僧，他的開示直指學佛一事的核心，也奠定蓮池大師一生修行的目標。

到了晚年，大師更加強調「老實念佛」。在〈古杭雲棲蓮池大師塔銘〉中記載著：

余所著《阿彌陀經疏抄》，實乃淨土慈航、傳燈正脈，當令普利群生，不可斷絕。大眾老實念佛，莫捏怪，莫壞我規矩！

有人問大師：「智人宜直悟禪宗，而今只管讚說淨土，將無執著事相，不明理性？」大師回答：

歸元性無二，方便有多門；
曉得此意，禪宗淨土，殊途同歸。

誠如聖嚴法師所說，由六祖永明大師的禪淨雙修，到了大師時期，直接主張為「禪淨不二」，這對「老實念佛」的淨土行者而言，如同注射了強心針，給予更強的支持力。

持名念佛

念佛有四種方法：持名念佛、觀像念佛、觀想念佛、實相念佛。大師在《阿彌陀經疏抄》一書中，詮釋釋迦牟尼佛開示《佛說阿彌陀經》，具有十種因由，即：

一、大悲憫念末法，為作津梁故。

二、特於無量法門，出勝方便故。

三、激揚生死凡夫，令起欣厭故。

四、化導二乘執空，不修淨土故。

五、勉進初心菩薩，親近如來故。

六、盡攝利鈍諸根，悉皆度脫故。

七、護持多障行人，不遭墮落故。

八、的指即有念心，得入無念故。

九、巧示因於往生，實悟無生故。

十、復明徑路修行，徑中之徑故。

這十種因由，須仰賴本經所開示的「持名念佛」，方能易於引導眾生契入。此乃釋尊大悲心的體現，為末法的眾生開示一條出離生死的捷徑。

為了使行者能一法深入，大師並特別引古德闡明「觀想念佛」的困難，強調持名的功德：

觀法理微，眾生心雜；雜心修觀，觀想難成。大聖悲憐，直勸專持名號；良由稱名易故，相續即生。此闡揚持名念佛之功，最為往生淨土之要。若其持名深達實相，則與妙觀同功。

很明顯地，四種念佛方法中，持名念佛可說是最為簡易、最易成就，也是至穩至當的念佛法。大師的用心良苦，可見一斑。

隨時念佛不輟

有了老實念佛、持名念佛作為基礎後，「隨時念佛不輟」乃應運而生。對於念佛的對象與時機，大師認為：

蓋此念佛法門，不論男女僧俗，不論貴賤賢愚，但一心不亂，隨其功行大小，九品往生。故知世間無有一人不堪念佛。

大師認為，任何人、任何時機、不拘形式，都是念佛的好時機；這樣的主張，其實與禪宗「二六時中咬住話頭」的修行方式一致。當然，大師主張禪淨不二，兩者的修行方式與理路本就相通不悖。

蓮池大師「老實念佛」、「持名念佛」、「隨時念佛不輟」的倡導，深深地影響近代的淨土行者，甚至對修習其他法門的佛弟子，亦具跨時代的影響。因此，大師的一生行誼與思想可供世人細細品味；不僅可以建立正確的知見，亦能於修行上直接獲得法益。無怪乎民初高僧太虛大師盛讚：

由賢教修淨土，須至雲棲袾宏，始卓然為一代大師。雲棲法彙百餘卷，皆教宗賢首，行專淨土，而融通禪律，集各家教義之至文。不惟明季以來，淨土宗風之暢盛得力於師，亦為淨土宗上下千古最圓純的一人。

祈願任何見聞或閱讀本書的人，在菩提道的修持具足一切的順緣，去除一切的違緣，發大菩提心，具足信願行，同生極樂國。

謹將本書的功德至誠回向佛法長久住世，利樂群生；

願所有的具格的善知識法體康泰、長壽住世，並轉妙法輪；

願所有的眾生都能值遇具格的善知識，聽聞正法，發菩提心，速證菩提；

願所有受煩惱眾苦逼惱的眾生，都能蒙觀世音菩薩的願力而得清涼之地；

願所有的病者都能遇到良醫，迅速康復，過有意義的生活；

願所有的亡者都能蒙阿彌陀佛慈悲的接引，速往極樂世界，早證菩提。

目錄

示現

第三章　明信因果 113

放生者，或增福祿，或延壽算，或免急難，或起沉疴，或生天堂，或證道果，隨施獲報，皆有徵據。

第四章　普勸念佛 151

若人持律，律是佛制，正好念佛；若人看經，經是佛說，正好念佛；若人參禪，禪是佛心，正好念佛。

第五章　晚年弘化 201

善本當行，非徼福故；惡本不當作，非畏罪故。終日止惡，終日修善；外不見善惡相，內不見能止能修之心。

第六章 圓寂

欲海橫流，三毒熾然，孰能遏狂瀾以清烈燄？自非應身大士，又何能醒顛暝而朗長夜？

影響

平實而易喻，直捷而盡理；如月照百川，清濁並映。能領之者，如飲甘露，無病不瘳！

若能一心念佛，諸惡不敢入，即戒也。……若一心念佛，心不異緣，即定也。……若觀佛聲，字字分明，亦觀能念所念，皆不可得，即慧也。

附錄

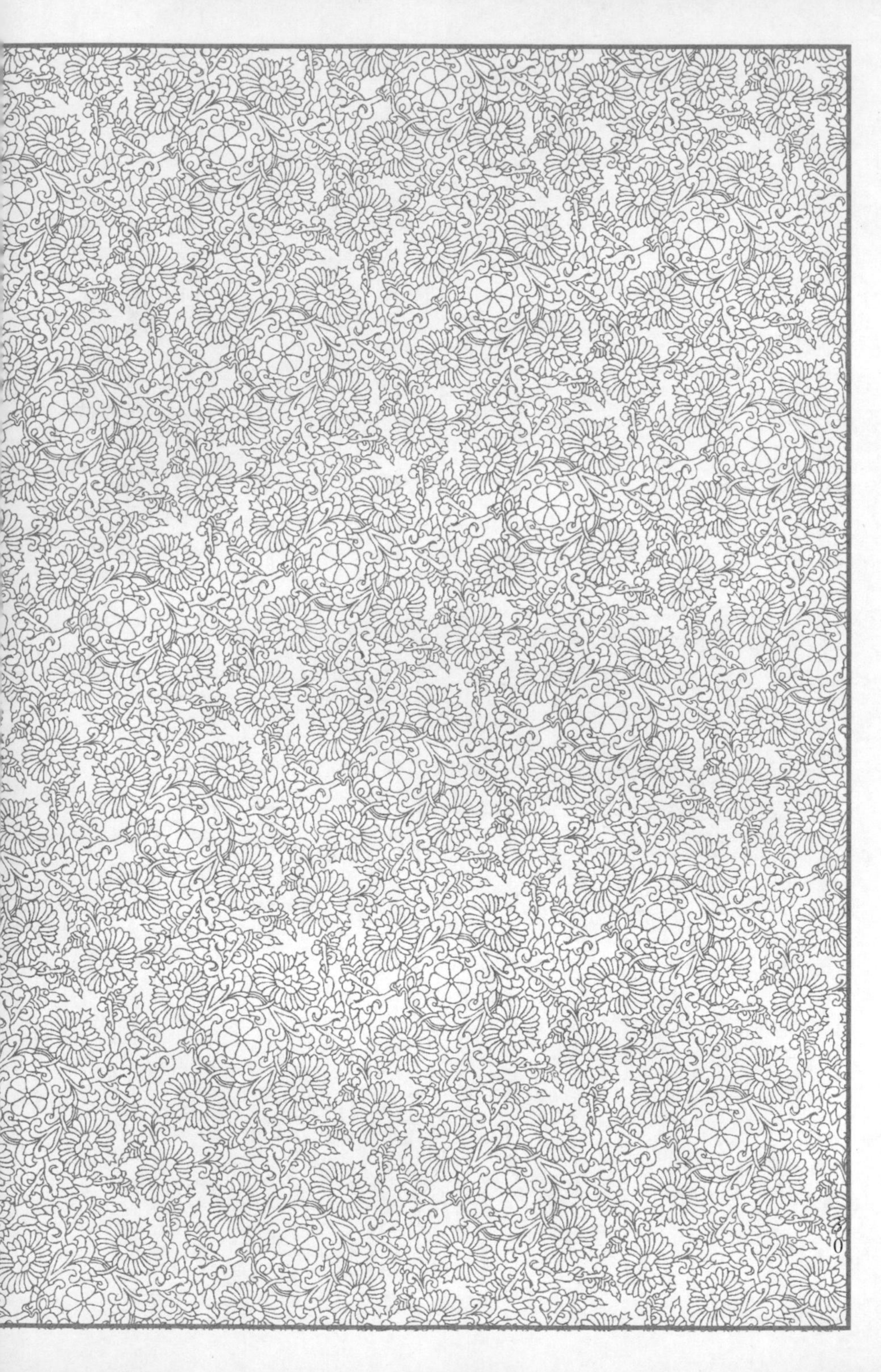

示現

第一章　誕生・出家

丙寅年（大師三十二歲），師訣湯曰：「恩愛不常，生死莫代，吾往矣，汝自為計。」湯亦灑然曰：「君先往，吾徐行耳。」

雲棲袾宏，後世尊稱蓮池大師（以下簡稱「大師」），為淨土宗一代宗祖。

出身望族

於大師所撰寫的〈先考妣遺行記〉中記載，其父親姓沈，名德鑑，字用昭，別號明齋。世家是浙江省杭州仁和（今杭縣）人，貫籍是慶春門外之新塘，在明朝永樂年間搬入城內，居家在平安一圖忠清里。母親是周氏，是一位性情柔婉質實的人，對待大嫂如同侍奉婆婆，歡喜承事，因而妯娌情同姐妹，彼此感情深厚，互相照顧關懷。自己則相當勤儉，有好吃的都先供養公婆，而且對於婢僕都相當客氣，如大師云：

（先妣周孺人）平生衣敝食殘，好衣歲久敗於篋中，好食奉翁姑，下及諸子，己未嘗啖也。婢僕或為煎煮浣濯，左右服役，稱謝不絕口，未曾斥責婢僕。

父親和母親同年出生，明齋夫婦四十五歲，才生下大師；大師另有同父異母的弟弟和妹妹各兩位。

父親明齋天性孝友，不只盡心奉養父母，而且事兄如父，事嫂如母，看待侄子厚於親子。大師的堂兄沈三洲受到叔父明齋的照顧，得以安心學習課業，得以考取進士。父親明齋對於貧困的親戚均善加照顧，做到生養死葬之責。

三洲的弟弟名叫和叔，與大師的情義很深。一日，和叔生病（瘵疾），由於和叔的父親沈月巖因出任官職不在家，無法照顧他；因此，大師的父親明齋擔負起全責，不分晝夜地照顧和叔，想盡辦法治療他的病。無奈，和叔最後仍醫藥罔效而往生，全家哀悼不已。

大師一家原本與伯父沈月巖一家住在一起。後來，孩子們漸漸長大，房子嫌稍小些。於是，父親明齋就在菜市橋西另買房子，全家搬去新屋，距離祖厝只有數百步。

父親明齋雖不當官，但博學多聞，善真草書，而且通曉陰陽醫卜等方技。如大師所述，明齋從小就教誨孩子：「帶一『官』字者慎勿為，謂領官錢、織官段、作官保、乃至入官府為吏書、交結官人、囑託公事之類是也。」大師一直謹記在心並一生奉行，不敢親近王臣。大師曾云：

不孝信受奉行，至於今日，知其所不足，力行慈忍，不敢親近王臣。雖佛制，亦庭訓也。

沈家是杭州的望族，經營米鹽酒脯，家族樂善好施。沈明齋喜歡結交方外之士，常與和尚道士往來。

大師出生前，其父親明齋曾夢見——

自己與城隍爺吃飯，自己的身旁坐著一位官人，這位官人正是在朝廷當官的四品官人——許自新。此時，大家正在等候一位貴賓；忽然間聽到貴賓來了，一看原來是淨慈寺方丈永明和尚……

沈明齋醒來後，立刻到杭州淨慈寺拜見永明和尚，並述說夢中事。和尚感嘆說，「閻王要人三更死，不得留人到五更」，勸諭沈明齋不可輕忽因果；並告訴他，自己很快就要往生，但有一位無緣弟子未到，他們之間有一段未了的因緣，因自己過去生不小心弄死一隻青蛙，而這個因緣須經三世，才能圓滿結束。

永明和尚拜託沈明齋，當這位無緣的弟子到時，請淨慈寺執事法師代為剃度；交代完此事後，老和尚就圓寂了。第二天，這位無緣弟子（許自新）趕到淨慈寺，想要請老和尚為其剃度，卻見和尚已圓寂，寺內的執事人就依和尚的囑咐代為剃度。許自新剃度後，當天就往生。

就在這個時候，沈明齋家中誕生一子；因其出生時蓮花池放光，所以取外號為蓮池，字佛慧。這年正值明世宗嘉靖十四年（西元一五三五年）。

沈明齋因學佛一生未考功名，但仍望子成龍，冀望兒子光耀門楣。大師在〈自傷不孝文〉文中，提到：

七歲入小學，日事數行墨，聯對學書。……九歲漸通經義……十七為諸生，日事進取，孝悌忠信朝夕講究，為文辭靡不辨哲（哲）。

大師於七歲時，開始接受儒家的教育，奠下科舉考試的基礎，九歲時已經漸通經義。大師十七歲（嘉靖三十年，一五五一），不負父望，考上秀才（生員），以學識與孝行著稱於鄉里。

大師幼時尚不知念佛，見到鄰家一位老婆婆每天念佛數千聲，因而問老婆婆為何每日念佛？她回答：「先夫因為念佛的緣故，臨終時無病，與親友道別後便自在往生。因此，我知道念佛功德不可思議，才會每天念佛。」大師聽了老婆婆的回答後，受到她每天念佛的鼓舞，從此將念佛一事放在心中，並寫下「生死事大」四個字放在案頭警策自己。

大師對功名並不熱衷，淡泊名利；每天陶醉於儒家典籍、詩詞歌賦和佛法經論，樂在其中。

深悟無常

大師於二十歲這年（嘉靖三十三年，一五五四）迎娶十九歲的張碩人為妻。張碩人生於嘉靖十五年（一五三六）。她的父親張峰泉為人正直樸素，以古德聞名於鄉里；碩人是他的第三個女兒，自幼聰穎，端莊賢淑，不喜漫意嬉笑。十四歲時，其母親過世，她便「代總家政，練事體如成人，內外斬斬（整齊）」，開始女代母職的生活。

由於碩人的幹練與穩重，深得父親張峰泉的鍾愛，其父云：「是女德性、才識俱不尋常，吾必以配奇俊。」果然，後來將女兒許配予大師。婚後，碩人任勞任怨，擔負起家中的重責，凡事不須大師費心，用心照顧好家人的生活起居。在大師的眼中，碩人是一位盡心持家的賢妻。

大師二十四歲的時候（嘉靖三十七年），碩人生下一個兒子，名叫祖植。俗話說：「有子萬事足。」此時，雙親健在、父慈子孝、夫婦和諧、衣食無缺，全家過著幸福美滿的日子。

然而，好景不常。大師二十七歲時（嘉靖四十年，一五六一），父親因病過世，享年七十一歲。

大師二十九歲時（嘉靖四十二年，一五六三），五歲的幼兒在家中後院戲水時，不幸溺水而夭折。

妻子碩人因為喪子而悲傷過度，不久後也離開人世間，世壽僅二十八歲。大師為之作銘，銘曰：

吾佛世尊，指歸淨土；金口叮嚀，其實非誤。

猗歟大悲，開攝引路；慈誓弘深，一切普度。

哀哉碩人！塵緣絆絡；瞥爾回光，亦得不錯。

婦人之身，大人之作；膽喪魂驚，末後一著。

惟此頋王，勿相捨離；百劫千生，盡未來際。

寂寂青山，枯骨斯瘞；鶻臭布衫，不勞掛繫。

中國俗諺云：「天有不測之風雲，人有旦夕之禍福。」說明世事難料，變化莫測。短短的兩、三年間，遭逢家庭的巨變，至親骨肉三人相繼離世；這般迅雷不及掩耳的人天永隔，無疑地帶給大師沉重的打擊。

由於飽受無常的苦逼，在大師的內心深處，或因此種下了出家修行的念頭。（註一）

大師原本沒有再婚的想法；不過，當時二十九歲的他，母親期望他再娶，盼其能夠傳宗接代。他不忍違逆母意，又因與湯氏是「同道人」；於是，他便與湯氏結縭。續弦時，大師三十歲，湯氏只有十七歲。

湯氏生於明世宗嘉靖二十七年（一五四八）十二月初九日；父親為小江公，母親是朱氏。她十四歲時，為母親發心持血盆齋（註二）三年，以孝女聞名於鄉里。雖然出身貧苦的家庭，但茹素淡泊，十分明理。她十九歲時，便跟隨大師前往南五臺，並在性天文理和尚座前受五戒，成為優婆夷（即受五戒的女居士）。

婚後，他們只是名義上的夫妻，彼此相敬如賓，並未行夫妻之實。大師認為：「壽與夭一期之業報耳，又何論後嗣之有無哉！」大師為了不讓母親擔憂而續弦，但完全無意生育，仍過著梵行的生活。

大師三十一歲時，明世宗嘉靖四十四年（一五六五），母親過世，享年七十五歲。大師在父母親相繼過世後，悲傷地說：「父母親的恩德沒有窮極，如今正是我報答父母恩的時候。」於是，大師就下定決心出家修行。

由於對無常的深刻體驗，大師在未出家前，時常感慨說：「人命過隙耳，浮生幾何？吾三十不售，定超然長往，何終身事齷齪哉？」其意謂，人命無常宛如白駒過隙般的短暫，人生也如同浮雲般的隨風飄散，歡樂又能有多久呢？我已經三十歲，將來應當出家修行，怎能一生在紅塵中虛度呢？

不過，因老母尚在堂上，大師為恪守孝道，便遲遲未出家。大師曾云：「先父母過世，我方敢出家。先母在，即舉業可捨，家不可出也。」由此觀之，大師在家陪伴乃至科舉仕途視為孝道的表現；在母親過世後，他才放棄科舉考試，尋求解脫之道。

大師對於生命的無常有著刻骨銘心的經驗。在〈人命呼吸間〉中，大師亦舉了一個實例：

> 一僧瘵疾經年，久憊枕席，眾知必死，而彼無死想，語之死，輒不懌。予使人直告：「令速治後事，一心正念。」彼謂男病忌生日前，過期當徐議之耳。
>
> 本月十七日乃其始生，先一日奄忽。

這件事的過程是：有一位僧人臥病多年，眾人都知道他快死了；他自己當然不想死，倘若有人在他面前提到死字，他便不高興。大師憐憫他，派人告訴他：「你死期將至，趕快交代後事，然後一心念佛，求生淨土。」他卻認為，在生日前，忌諱談這些事，等過了生日再說。那個月的十七日是他的生日，他卻不幸在生日前一天就過世。

大師藉此說明了：死期是不等待人的；人即使不想死，死期到時，也由不得自己。佛陀云「人命在呼吸間」，實在是至理名言。

塵緣一筆勾

短短數年間，大師接連遭遇到幼兒夭折、妻子離世以及父母雙亡的重大變故後，對人世間的生活感到淡然無味。

明世宗嘉靖四十四年（一五六五），除夕那天，大師請夫人湯氏沏茶；當湯氏奉茶到大師的面前時，不小心將杯子滑落而破碎。大師見此情狀，就說：「因緣無不散之理。」因而下定決心出家。

大師認為：

人生母子、夫妻、一家眷屬，俱是宿世虛緣，暫時會聚，終必別離，不足悲苦；可悲可苦者，乃是空過一生，不念佛耳。今但萬緣放下，迴光返照念佛，即是一生要緊大事，更無多語。

大師指出，家人眷屬不過是宿世因緣，短暫聚首後終須一別，不足以為悲苦；應感到悲苦的是，虛度一生而不知念佛。因此，人生一大事是萬緣放下，專心念佛。

大師欲出家前，具放辭學道，堂兄沈三洲密上其啟，諸宗親友人亦阻留，不希望大師出家。只有湯氏協助大師完成出家的心願，並說：「我熟聞渠稱『生死事大』，乃故為沮撓可乎？願諸公勿復言。」於是，家族宗親便不再留難。由於湯氏的支持，大師這才得以順利出家。

次年（一五六六），大師三十二歲時，大師與夫人湯氏辭別：「恩愛是無常的，個人生死誰也不能相替代。我要出家了，以後妳須自行打理。」湯氏也灑脫地回答：「您先去出家，我料理好家務；妥當之後，也會隨夫君出家。」

臨別時，湯氏特地做了一雙僧鞋給大師，並說：「這大概是我最後一次幫你做鞋；將來您去行腳求法，希望這雙鞋能為您效勞。」

大師看了鞋子後，就拿起剪刀將僧鞋剪成兩段，之後並作了一首詩：「吾妹送我一雙鞋，千針萬線做起來；一刀斬斷紅絨線，從今再不染塵埃。」這一剪斷了彼此的牽掛；從此以後，大家不談俗情，只論佛法。

除此之外，大師在出家前還寫了〈七筆勾〉一文，表明勾銷對世間各種的貪戀——包括父母、夫妻、兒孫、功名、財產、學問和飲宴遊玩等世間歡樂。一般人貪戀的這七樣事物，就如同七條繩索般將世人牢牢地拴在輪迴中，不得自在；只要尚有一條繩索未解開，世人就無法脫離輪迴。

〈七筆勾〉的內容如下——

（一）恩重山坵，五鼎三牲未足酬；親得離塵垢，子道方成就。嗏！出世大因由，凡情怎剖？孝子賢孫，好向真空究。因此把五色封章一筆勾。

大意是說，父母的恩德深重如山，用五只鼎器烹牛豬羊三牲之肉祀，亦不能報答父母的深恩；只有雙親脫離了生死煩惱，做為兒女的孝道才算圓滿完成。唉！超凡出世的大事，僅憑凡夫自力怎能做到？賢孝的子孫，應當努力修持佛法，仰仗諸佛的悲願，超拔父母脫離輪迴。因此，把追求富貴、顯揚雙親、光宗耀祖的世間情見一筆勾銷。

（二）鳳侶鸞儔，恩愛牽纏何日休？活鬼喬相守，緣盡還分手。嗏！為你倆綢繆，披枷帶杻；覷破冤家，各自尋門走。因此把魚水夫妻一筆勾。

此段大意為，鳳鸞夫妻情投意合，如同比翼雙飛；但是，這般恩愛情深的牽絆糾結，到什麼時候才能終止呢？如同活鬼一般的喬裝假扮，互相廝守，彼此貪愛對方的癡心和美色；然而，因緣完盡的時候，還是免不了撒手分飛，各自隨著業力受生。

唉！為了你倆互相纏綿、恩愛難捨的情執，導致將來彼此仍受到黑白無常的披枷上鎖，做生死輪迴的囚徒；看破夫妻往往是前世冤家再續前緣而已，終究還是得各自追尋了脫生死的解脫大道。因此，把歡愛如同魚水一般的夫妻情愛一筆勾銷。

（三）身似瘡疣，莫為兒孫作遠憂；憶昔燕山竇，今日還存否？嗏！畢竟有時休，總歸無後；誰識當人，萬古常如舊。因此把桂子蘭孫一筆勾。

大師指出，人的身體是地水火風四大和合的假相，看起來外表相貌堂皇；但是，觀察體內，則是膿血屎尿、遍身瘡疣，如同泥菩薩過江，朝不保夕；因此，無須把寶貴的時光花在為子孫顯貴的浮名上。

就拿竇燕山（註三）來說，雖然他教育有方，五個兒子都考上進士，聲名遠播；但是，現在看起來，還不是像舞臺上的一場戲？戲終人散後，還有什麼實質的形相可以留得住呢？唉！人終究有休止的時候，後代子孫能體會你的創業艱辛，繼承你的志業嗎？只有明白宇宙人生真相的人，才能體悟亙古不變的永恆真理。因此，把望子成龍、望女成鳳的想法一筆勾銷。

（四）獨佔鰲頭，漫說男兒得意秋；金印懸如斗，聲勢非常久。嗏！多少枉馳求，童顏皓首；夢覺黃粱，一笑無何有。因此把富貴功名一筆勾。

對於功名富貴，大師指點，金榜題名、高中魁首，是男兒最得意輝煌的時候；不過，雖然擁有斗大的金印，這樣的聲名威勢卻是不能恆常久遠的。唉！世上有多少追逐名利的人，枉費一生不停地向外追求；很快地，年輕的臉龐轉眼間就變成白髮蒼蒼的老人，好像做了一場黃粱大夢，一旦從夢中笑醒後，便恍然原來什麼都沒有。因此，把追求富貴及功名利祿的思想一筆勾銷。

（五）富比王侯，你道歡時我道愁；求者多生受，得者憂傾覆。嗏！淡飯勝珍饈，衲衣如繡；天地吾廬，大廈何須構。因此把家舍田園一筆勾。

滿箱的金銀財寶，富比王侯，一般人認為是悅意歡喜的財富；但是，在修行人看來，財富卻是無盡的憂愁；世人千方百計地追求財富，得到財寶之後卻憂心重重、坐臥難安，最終變成金錢的奴隸。唉！粗茶淡飯勝過山珍海味，僧服勝過華貴的衣物；天地就是我安居的茅廬，何必建造華厦豪宅呢？因此，把廣積家宅田產的想法一筆勾銷。

（六）學海長流，文陣光芒射斗牛；百藝叢中走，斗酒詩千首。嗏！錦繡滿胸頭，

何須誇口？生死跟前，半字難相救。因此把蓋世文章一筆勾。

大意是學識淵博深廣如海、文章氣勢光芒萬丈的才子，身懷百藝，暢飲斗酒間，就能揮毫成千首詩。唉！縱然才華蓋世，滿腹經綸，又有什麼值得誇耀呢？面臨生死無常時，即使文章寫得再好，也難逃生死輪迴。因此，把創作出蓋世文章流傳萬古的想法一筆勾銷。

（七）夏賞春游，歌舞場中樂事稠；烟雨迷花柳，棋酒娛親友。嗏！眼底逞風流，

苦歸身後；可惜光陰，懡㦬空回首。因此把風月情懷一筆勾。

一年到頭，歌舞聲色場中尋歡作樂的事很多；不少人迷失在煙花柳巷，以及琴棋書畫的親友歡聚中。唉！誰知道風流一時，苦歸身後；白白浪費寶貴的光陰，還欠下風流的怨債，到老時慚愧（懡㦬）、後悔已經太晚了。因此，把

尋歡做樂的風月情懷一筆勾銷。

簡言之，〈七筆勾〉的要義是：把追求富貴、光宗耀祖的世間情見一筆勾銷；把歡愛如同魚水般的夫妻情愛一筆勾銷；把望子成龍、望女成鳳的思想一筆勾銷；把追求富貴及功名利祿的思想一筆勾銷；把廣積家宅和田產的思想一筆勾銷；把創作出蓋世文章流芳萬古的思想一筆勾銷；把尋歡做樂的風月情懷一筆勾銷。

總之，從〈七筆勾〉中，我們看得出大師對世間的富貴、功名、親眷和情愛等貪念，全部都一筆勾銷。

出家前，大師感慨人命無常，面對情深義重的續妻，勸勉妻子湯氏早日修行，寫了〈出家別室人湯〉一文：

君不見，東家婦健如虎，腹孕常將年月數；昨宵獨自倚門閭，今朝命已歸黃土。又不見，西家子猛如龍，黃昏飯飽睡正濃；遊魂一去不復還，五更命已屬閻翁。

就像是大師對妻子的叮嚀：東邊那家的婦人，健壯如虎，懷孕滿月，即將要產子；昨夜還見到她倚在門前，沒想到今天早上已經命歸黃土。又西邊那家的男子，勇猛如龍，傍晚吃飽便入睡；誰知遊魂一去就沒再回來，清晨時已經命歸閻羅王了。

話說，早在大師出家前十二年，有一天大師在寺裡拜拜時，遇到一個瘋和尚，對著大師說了一些瘋言瘋語，大師聽不懂。瘋和尚就說：「十二年後你就知道了。」

十二年後，大師出家前，果然又碰到這位瘋和尚。大師原本打算在淨慈寺出家，但瘋和尚勸阻，理由是輩分不對；當時，淨慈寺的方丈和尚是永明和尚的再傳弟子。於是，大師就問瘋和尚：「自己該在那裡出家呢？」瘋和尚回答：「應該拜西山無門洞的性天文理和尚為師。」

明世宗嘉靖四十五年（一五六六），大師三十二歲時，禮請西山無門洞的性天文理和尚為剃度和尚，在其座前剃度為僧，法名為祩宏。

關於大師的法名有個因緣。其派命名順序為：「宗福法德義，普賢行願深，文殊廣大智，成等正覺果」，大師原本屬「殊」字輩。之所以改為「袾」，乃是因為：據傳，曾有一高僧受明太祖朱元璋詔見，甚加優寵，特以玉盞賜乳令服；高僧詠謝皇恩的詩中，有「一盞瓊漿來殊域，九重恩德自上方」之句。朱元璋看到這首詩時認為「殊者，歹朱」，是在罵自己，便下令斬之。高僧被斬後，朱元璋才想到高僧並非罵他，卻後悔已遲。

大師以此之故，去「歹」加「衣」，而用袾字，由此可見其慎微杜禍。之後，大師在昭慶寺無塵玉律師處受三壇大戒（註四）後，便雲遊四海，遍訪善知識。

綜上所述，大師出身於杭州的望族，但未染驕貴之氣，反而淡泊名利。十七歲時考上秀才，以學識與孝行著稱於鄉里。大師二十歲時娶妻，育有一子；一家五口過著幸福美滿的生活。然而，好景不常，在大師二十七歲到三十一歲之間，接二連三遭逢父親病逝、幼兒夭折、妻子離世以及母親往生等家庭重大的變故，遂對人世間的一切深感淡然無意。

於是，大師三十二歲時，毅然決然地辭別續弦湯氏，前往性天文理和尚座前出家，法號袾宏；又於昭慶寺無塵玉律師處受三壇大戒後，便雲遊四海，行腳天涯，遍訪善知識。

【註釋】

註一：深觀「無常」往往成為出家修行的因緣。釋迦牟尼佛昔為悉達多太子時，眼見老病死等苦之示現，因而出家修行。佛陀成道後，最初於鹿野苑轉動法輪，為五比丘宣說四聖諦——苦、集、滅、道，每個聖諦各分為四個行相，苦聖諦的四個行相即無常、苦、空、無我。佛陀首先宣說「諸行無常」，即一切有為法，皆是因緣所生，亦是因緣所滅，因而隨著因緣而變化，沒有恆常性。

舍利弗尊者在親近佛陀前，一日他在路上行走時，見到馬勝比丘入村乞食，威儀端嚴、舉止安詳，因而內心生起恭敬，於是他向馬勝比丘請益。馬勝比丘回答道：「諸法因緣生，諸法因緣滅；我佛大沙門，常作如是說。」又說：「諸行無常，是生滅法，生滅滅已，寂滅為樂。」舍利弗一聽便明白：一切有為法皆是無常的、都是生滅法的道理。於是，他與好友目犍連各帶一百位徒眾到竹林精舍，跟隨佛陀出家，成為佛陀的常隨眾。

佛陀常囑咐弟子憶念「無常」等教法，除非證悟了實相（空性），否則無法擺脫無常的束縛。藉由憶念無常，斷除對世間的貪著；進而契悟空性，了達不生不滅之理，安住於寂滅（涅槃）的境界。如唐代義淨所譯《佛說無常經》云：

爾時，佛告諸苾芻。有三種法，於諸世間，是不可愛、是不光澤、是不可念、是不稱意。何者為三？謂老、病、死。汝諸苾芻，此老病死，於諸世間，實不可愛、實不光澤、實不可念、實不稱意。若老病死，世間無者，如來應正等覺，不出於世，為諸眾生，說所證法，及調伏事。

爾時，世尊重說頌曰：

外事莊彩咸歸壞，內身衰變亦同然；唯有勝法不滅亡，諸有智人應善察。

此老病死皆共嫌，形儀醜惡極可厭；少年容貌暫時住，不久咸悉見枯羸。

假使壽命滿百年，終歸不免無常逼；老病死苦常隨逐，恆與眾生作無利。

簡言之，佛陀之所以出世為眾生說法，便是為了度化眾生老病死無常之苦。

註二：關於血盆齋的由來，可參見《佛說大藏正教血盆經》所載之事：

爾時目連尊者，昔日往到羽州追陽縣，見一血盆池地獄闊八萬四千由旬。池中有一百二十件事鐵梁鐵柱鐵枷鐵鎖，見南閻浮提女人，許多被頭散髮長枷杻手，在地獄中受罪。獄卒鬼王，一日三度將血勒教罪人吃；罪人若不甘心伏下來吃，便會被獄主以鐵棒處罰而號叫！

目連悲哀地問獄主：「為何不見南閻浮提丈夫之人受此苦報，只見許多女人受其苦痛？」

獄主答師言：「不干丈夫之事，只是女人產下血露汙觸地神；若拿著穢汙衣裳將去溪河洗澤，水流汙漫，善男女們又誤取水煎茶，供養諸佛菩聖，致令不淨。天大將軍便會將名字記在善惡簿中，待百年命終之後，受此苦報。」

不忍的目連便問獄主：「如何能報答產生娘親之恩，出離血盆池地獄？」

獄主答師言：「惟有小心孝順男女敬重三寶，更為娘親持血盆齋三年，仍結血盆勝會，請僧轉誦此一經藏，滿日懺悔，便有般若船載過奈河江岸，看見血盆池中有五朵蓮華出現；罪人歡喜、心生慚愧，便得超生佛地。」

諸大菩薩及目連尊者來勸南閻浮提人信善男女，早覺修取大辦前程，莫教失手萬劫難！

佛陀又說：「女人血盆經，若有信心書寫受持，令三世母親盡得生天，受諸快樂，衣食自然長命富貴。」天龍八部人非人聽了之後皆大歡喜，信受奉行，作禮而退。

註三：竇燕山，本名竇禹鈞，是五代後晉時幽州人，家住薊州漁陽（今天津市的薊縣）。當時的漁陽屬於古燕國，地處燕山一帶；因此，後人稱他為竇燕山或竇十郎。

竇燕山育有五個兒子，在他的管教栽培下，都考上進士，成為國家的棟梁，被稱為「竇氏五龍」；他的義風家法，因此成為世人學習的典範。當時的侍郎馮道作了一首詩，云：「燕山竇十郎，教子以義方；靈椿一株老，仙桂五枝芳。」來讚譽此椿美事。

南宋學者王應麟編寫的《三字經》亦云：「竇燕山，有義方；教五子，名俱揚。」竇燕山教子有成的事蹟，不僅名揚於當時，為人歌頌，而且流傳至今，為人景仰。

其實，竇燕山年輕時原本是心術不正、為非作歹的人。他做生意時，用大斗量入、用小秤量出，以詐欺的方式來謀利。雖然家境富裕，卻不知救濟窮人、廣行善事，反倒欺壓窮困的人；因此，到了三十歲還沒有兒子。

正當他為無子嗣而愁眉不展時，有一夜夢見已故的祖父和父親一起教訓他：「禹鈞，你的心術不正、德行不端，壞名聲已經傳到天庭了；你不僅沒有兒子，而且壽命也很短。你要趕緊改過向善，努力行救人濟世的善事，或許可以改變你的命運！」

竇燕山從夢中醒來後，痛改前非；他把祖父和父親的教誡銘記在心，立志改過行善，廣積陰德。

竇燕山一生做了很多的善事。例如，親友中有喪事、無錢買棺者，他出錢買棺助其入殮；有貧窮的子女無錢辦理婚嫁者，他出資助其結婚。對於貧困而無法生活的人，便借錢給他們，使他們有做生意的資本，能夠養家餬口；因竇燕山的幫助而得以維持生計的有數十家之多。

他為了能多救濟一些窮苦人，所以自家的生活樸素儉約，器物沒有奢華的裝飾，家人不穿綾羅綢緞。每年衡量一年的收入，除了供給家庭的必要開銷外，其他的財物全部救苦濟貧。他還購得土地一塊，建立四十間書院，禮請德學兼優的儒士作為老師；對於無錢而有志求學的貧苦孩童，只要到書院學習，其學費和生活費都由他負責。如此一來，竇燕山的書院造就了很多品學兼優的人才。

有一夜，竇燕山又夢見祖父和父親對他說：「你多年來做了不少善事，廣積陰德；因此，天庭將賜予延壽三十六年，並且賜給你五個貴子，將來都很顯達，能夠光宗耀祖。將來你壽終後，可以升天作真人。」說完又囑咐他：「陰間與陽世，雖然幽明異路，但所遵循的規則沒有什麼不同，天道報應之理絲毫不爽。善惡之報，或見於現世，或報應於來世，或影響子孫。天網恢恢，疏而不漏，這是確定無疑的道理。」

此後，竇燕山更加努力地修身積德，後來果然生了五個賢明的兒子。他以身作則，治家非常嚴格；嚴格的家教培育出具有傑出品德和才能的孩子，竇家五子都榮登進士，被稱為「五子登科」。「五子登科」的成語典故即源於此。

後來，竇燕山官至諫議大夫，享壽八十二歲。臨終前預知時至，他沐浴更衣，向親友告別，談笑而離世。

竇燕山努力行善，不僅改變自己無子短壽的命運，成為「五福臨門」者——長壽、富貴、康寧、好德、善終，而且使後代子孫都顯達。由此可見，「因果報應，絲毫不爽」，善惡禍福在一念之間，每個人的命運都掌握在自己的手中。

北宋賢臣范仲淹，他的祖父和竇燕山是故交，曾將竇燕山的事蹟記錄下來，訓示子孫。范仲淹惜其事蹟流傳未廣，不能廣傳天下，更加以詳細記錄，寫成〈竇諫議錄〉一文，收錄於《范文正公別集》中，並囑咐子孫廣為傳播。

註四：三壇大戒是中國大乘佛教出家僧眾的傳戒儀式，依初壇、二壇、三壇分別傳授沙彌戒、比丘戒、出家菩薩戒。目前一般傳戒之法都是連受三壇，初壇沙彌戒和三壇菩薩戒，皆集體授受；二壇比丘壇，則以三人為一組，次第登壇受戒。

「戒壇」是場地要緣，先須結界。受戒期間，戒子在大界內淨心求受戒法，不得出界外。

依《四分律》，沙彌戒有十條，沙彌尼戒法與沙彌同。沙彌律儀「近為比丘戒之階梯，遠為菩薩戒之根本」，是了生脫死、出世解脫之要道。

沙彌（尼）戒是「盡形壽」受持，當命終時就會自然捨戒。

依四分律，比丘戒有二百五十條。比丘壇所傳授之「具足戒」，又稱「大戒」或「近圓戒」，是親近涅槃之義，意謂佛制的每一戒法，如能受持清淨，都可以增長定慧，趨向解脫生死，證得羅漢果位。受戒前，戒子應如法恭請「三師七證」作為十方戒子之得戒、羯磨、教授三師和尚以及尊證七師。比丘戒亦是「盡形壽」受持，當命終時就會自然捨戒。

中國比丘尼二部受戒，開始於南北朝劉宋元嘉十一年（西元四三四年）的揚州南林寺。尼眾登二壇前，須先在尼僧團三師七證主持下，受淨行本法；再前往比丘僧團，在比丘尼十師與比丘十師共同主持下，正受比丘尼大戒。依《四分律》，比丘尼戒則有三百四十八條。比丘尼戒亦是「盡形壽」受持，當命終時就會自然捨戒。

尼眾欲受比丘尼戒前，還須先受「式叉摩那」戒；依《四分律》，式叉摩那戒是在二年的時間受持六法的戒。式叉摩那，意譯為學法女，是在沙彌尼以上、比丘尼以下的層級。

菩薩戒，是發大乘心的菩薩所受持的戒律。菩薩戒的出處約有下列六種經論：一是《菩薩瓔珞本業經》、二是《梵網經菩薩戒本》、三是《瑜伽師地論．菩薩戒本》、四是《菩薩地持經戒本》、五是《菩薩善戒經戒本》、六是《優婆塞戒經戒本》。這六種戒本中較常用的是《梵網經》和《優婆塞戒經》。目前傳授出家菩薩戒常採用《梵網經菩薩戒本》，有十重四十八輕戒；在家菩薩戒常採用《優婆塞戒經．受戒品》，有六重二十八輕戒。

菩薩戒，從律身、淨心，到發無上菩提心，含攝一切佛法，又可歸納為「三聚淨戒」。所謂「三聚淨戒」，即攝律儀戒、攝善法戒及攝眾生戒，能攝一切大乘諸戒，故名三聚戒。菩薩戒是「盡未來際」受持，所以命終也不會捨戒。

登菩薩壇時，以釋迦牟尼佛、文殊菩薩、彌勒菩薩為三師和尚，十方諸佛為尊證，一切菩薩為同學伴侶。

受持三壇大戒的戒子，須殷重生起出離心和菩提心，以期邁向個人解脫和成佛之道。

第二章　遊方・弘化

一瓦一椽，一粥一飯；檀信脂膏，行人血汗；爾戒不持，爾事不辦；可懼可憂，可嗟可嘆！

大師出家受戒後，便雲遊四海，遍訪善知識。大師參學初期，因母親往生守孝尚未滿三年，大師便隨身帶著亡母的牌位遊學參訪。

視親如佛

大師每到一歇腳處，一定先安奉好亡母的牌位；而且，每次用餐前，必先供奉食物於亡母牌位前。大師深感「父母之恩，昊天罔極」，將父母視為佛菩薩一般地恭敬供奉。

佛教剛傳至漢土時，儒者往往針對僧人「出世間而罔顧親情倫理」予以批判；即使到了明代，仍有儒者提出批評。對於「僧拜父母」之事，大師則提出了並行不悖之法。在《竹窗隨筆》中，大師云：

為比丘者，遇父母必拜，曰：「此吾親也，猶佛也。」為父母者，當其拜，或引避、或答禮，曰：「此佛之弟子也，非吾子也。」寧不兩盡其道乎？

意謂身為比丘者，遇見父母，仍應該禮拜。心想：「這是我的親人，猶如佛也。」而身為比丘的父母，則當比丘（兒子）禮拜時，應該向旁側避開，或是回禮。心想：「這是佛的弟子，不是我的兒子。」倘若這樣做的話，就能兩全其美。

大師極力提倡：一般人尚且知道孝順父母，僧人更應該孝順父母。

大師不僅自己躬行孝道，更諄諄勸導世人善盡世間的孝道（包括奉養父母、立身行道、顯揚祖先）與出世間的孝道（包括勸請父母戒殺、念佛、求生淨土）。對於不孝父母的人，大師則立即喝斥他們。大師認為：「大孝釋迦尊，而孝順父母亦是往生極樂世界的正因，如《佛說觀無量壽佛經》有云：

欲生彼國者，當修三福：一者、孝養父母，奉事師長，慈心不殺，修十善業；二者、受持三歸，具足眾戒，不犯威儀；三者、發菩提心，深信因果，讀誦大乘，勸進行者。

經文指出，欲往生淨土，亦須修十善業等世間福報，首重者即孝養父母。

大師更奉勸世人，以佛法度化雙親，曾云：「父母在堂，早勸念佛。父母亡日，課佛三年；其不能者，或一週歲，或七七日皆可也。孝子欲報劬之恩，不可不知此。」意即勸諫世人，當父母在世時，早點勸他們念佛；倘若父母過世，則為他們念佛三年；若不能長達三年的時間，則為父母念佛一年或是七七四十九日也都可以。孝順的兒女想要報答父母劬勞之恩，便不可不知道這些大孝之行。

大師本身奉侍雙親非常孝順，曾說過「親得離塵垢，子道方成就。」亦即認為，父母親如果能解脫生死輪迴之苦，兒女才算圓滿孝道。

大師認為，僧人應視天下的父母都是自己的父母，天下的子女都是自己的子女，天下的男子都是自己的兄弟，天下的女性都是自己的姊妹；亦即，把自己對家人的愛，推廣到遍及一切眾生，將「小愛」化成「大愛」。

參訪善士

大師三十二歲時，明世宗嘉靖四十五年（一五六六），北遊五臺山時，曾因誠心禮拜而感得文殊菩薩放光說法。

大師三十三歲，明穆宗隆慶元年（一五六七），行腳到了河南省伏牛山，隨大眾修行磨練。接著，大師進入京城參學。大師在《竹窗二筆》中，記載在京城與二十餘位同參道友，拜謁遍融禪師（註一）請教佛法。遍融禪師開示：

無貪利，無求名，無攀援貴要之門，

唯一心辦道。

此時，與大師同行的參學者聽到開示後，覺得禪師的開示很平常、沒有什麼特別，大師卻以為獲得很寶貴的開示，並肯定遍融禪師「其所言是其所實踐」；因為，遍融禪師以一己的行持經驗，把自身真實受用的法傳授給參訪者，讓前來參訪的人能夠依之實修，落實在日常生活上；而非高談闊論艱深的佛理、或是故作虛玄、或是標新立異。大師認為，這正是禪師可敬之處。大師聽了遍融禪師的開示後，深覺如獲至寶，並且盡其一生謹記在心，依教奉行。

之後，大師又參訪笑巖禪師（註二），亦獲益良多。辭別笑巖禪師後，大師前往山東省東昌的途中，聽聞一座樵樓之鼓聲，忽然大悟。於是，大師作了一首偈子：

二十年前事可疑，三千里外遇何奇？
焚香擲戟渾如夢，魔佛空爭是與非。

大意是說：二十年前我就對生死大事感到可疑，結果我在離故鄉三千里之外的東昌，遇到了什麼奇怪的事呢？竟然藉由鼓聲悟到了：焚香修梵行和擲戟造殺業兩者的差別就如夢境一般，了不可得；魔與佛孰是孰非，也同樣是空妄戲論，本無差別。（一切法不過是因緣和合而生，探其究竟則了不可得；簡言之，萬法是緣起有而自性空）

後來，憨山大師聽聞此偈，便認為這是大師的開悟偈。

之後，大師又繼續行腳求道，準備前往金陵。途中，大師遇到一個惡比丘，他把大師的行李騙走，又盜用他的戒牒，害大師陷入窘境。但是，大師不但沒有生起瞋恨心，反而還發大願說：「我將來要建一座供出家人修行的道場，讓出家人能夠安心辦道，社會上就不會有惡比丘了。」由此可見，大師的心非常慈悲、寬廣，所思所為都是菩薩行。

在求道的歷程中，雖然可以增廣很多見聞、獲得很多佛法上的精闢要義；但是，一路上須歷經風霜雨雪，又須翻山涉水，經常強忍著饑渴，並且冒著生命危險，求法之道可說是受盡千辛萬苦。

由於長時間的參學，行腳非常勞累；因此，大師的身體變得很虛弱。

到了金陵（今南京），大師便前往瓦官寺（智者大師曾駐錫此寺並宣說佛法，故此寺被認為是天台宗的祖庭）掛單。由於長期的行腳勞頓，體力大為透支，因此，大師就病倒了，而且病得很嚴重，只剩下奄奄一息。大家誤以為大師已經往生，寺內的僧眾準備將大師荼毗（火化）；幸好大師突然醒過來，很微弱地說：「我還活著，還有一口氣。」才倖免於無妄。

大師在雲遊途中生重病的消息傳到俗家時，湯氏立即禮斗（祭拜星斗，為道教儀式），為大師祈福。湯氏此舉深得大師的伯母倪恭人對其由衷的讚許，對鄰家婦女說：「汝曹見聞否？彼丈夫棄之出家，不懷冤恨，而反祈禳，希有也！願汝曹效之。」而大師亦曾感歎云：「予得慷慨出家，而無復顧慮者，庵主（即湯氏）解脫力也。」

後來，大師漸漸恢復健康，又從瓦官寺向南出發，欲返回故鄉杭州。回到浙江後，大師打了五期的「禪七」，精進地參禪悟道，始終不知曉鄰座道友的名字。由此可知，大師心無旁騖地攝心專注於禪修，而不散逸於俗事。

歷經大約五年單瓢隻杖的雲遊生涯，使大師廣泛地接觸佛門和深入民間，從而了解佛教的現狀和人民的需求，對大師的思想之形成影響頗巨。藉由四方參學請益，大師參訪了當時佛教界的名流耆宿，也看到了當時佛教內部的種種弊端和不良風氣，大師的因而萌生了力挽頹風、振興佛教之決心。因此，造就大師成為晚明復興佛教之一代高僧。

駐錫雲棲

大師三十七歲，明穆宗隆慶五年（一五七一），從外地參訪回到杭州，乞食經過梵村，見到雲棲（註三）山水幽寂，溪山窈窕，草樹繁密，實為修行的好所在——天然的阿蘭若處。於是，大師一人獨自入山，倚壁禪坐修行，曾經七天斷糧。

大師開始住在雲棲塢的時候，是形影獨吊，與山岩、麋鹿為伍。由於大師的德行，漸漸感得當地學士善人楊國柱、陳如玉等人的熱心護持，為大師結茅三楹，做為棲身的地方。

大師在〈行腳〉中提及，自己以前獨自遊方參學時，常常忍著饑渴、冒著寒暑，受盡了千辛萬苦；如今有幸能得一間遮風蔽雨的茅篷，於中用功修持。自己雖不是真正懂得修行，但是知道慚愧、感恩惜福。若有其他行腳僧突然造訪，自己必定盡心服侍。大師在文中自謂「曾為浪子偏憐客」。

大師初到雲棲寺時，環村四十里內老虎多，每年都有人被老虎傷害，當地居民為虎患所迫。大師發起慈悲心，不僅誦經回向，並施食給老虎，老虎便逐漸不再傷害人，村人都很感激大師。

有一年，天氣乾旱久不下雨，土地龜裂，秧苗枯萎；村民想到，大師一來就消除了虎患，於是上山虔誠懇請大師祈雨。大師說：「吾但知念佛，無他術也。」但村民再三懇求，大師慈悲答應。下山到梵村，繞著田埂，邊走邊敲木魚念佛，村民也跟隨在後念佛。過了一會兒，天空烏雲密布，隨後降下甘霖，頓時解決了村裡久旱無雨的困境。

由馴虎與祈雨兩件事情，村民知道大師是一位實修的行者，都希望大師能長久駐錫在雲棲，護佑民眾。於是，村民紛紛從山下運送磚瓦木料到山上，有錢出錢，有力出力，大家齊心歡喜踴躍，自動發心建造禪堂寺院。

在掘地的時候，挖出了古杭雲棲寺的柱基；村民認為：「此雲棲寺故物也。師福吾村，吾願鼎新之，以永吾福。」大家便齊心修建寺院，很快地完成重修雲棲寺。

但是，外無大門，中無大殿，只有禪堂僧眾安住、法堂供奉經像，其餘的地方只是可以遮風蔽雨，如憨山大師所撰之〈古杭雲棲蓮池大師塔銘〉云：「不日成蘭若。外無崇門，中無大殿，惟禪堂安僧、法堂奉經像，餘取蔽風雨耳。」

大師深愛雲棲的環境。此地離杭州城不遠，又是山幽境勝的好地方；雲棲的周圍有迴耀峰、寶刀龍、青龍泉、聖義泉、金液泉、壁觀峰等山水林泉自然景色，合稱「雲棲六景」。

某日，大師文思泉湧，便提筆作了六個偈頌讚歎「雲棲六景」——

一、迴耀峰

東方初出漸當陽，使得人間萬事忙；轉軸西來山欲暮，寶光依舊映紗窗。

二、寶刀巃

從來利刃號吹毛，萬樹松絲繫獨牢；莫謂鈍根虧斷德，此中原是活人刀。

三、青龍泉

百竿青筧出流泉，飛舞東西起復眠；玉乳不知來處遠，祇疑香積有龍涎。

四、聖義泉

不依雙岫不中巒，湛出當央第一泉；只恐老胡猶不肯，從教千里自涓涓。

五、金液泉

安養池中寶似綿，玉洄珠溜正潺湲；何年分得金剛種，來作雲棲一派泉。

六、壁觀峰

九年少室坐岑崟，此地何人更效嚬；拂袖便歸千嶂外，不來從爾問安心。

大師作了「雲棲六景」的讚偈後，其堂兄沈三洲抄錄回去；不久之後，大師收到沈三洲的信，其中包括小序文以及「和雲棲六景」的讚偈。此外，還有其他的法師和文人也紛紛作了偈頌，來讚歎「雲棲六景」。這些讚頌文，收錄於《雲棲紀事》一書中。（《雲棲紀事》一書，專門記載杭州名寺雲棲寺之歷史、地輿、藝文等事）

大師在此結茅駐錫，並將此處改回舊名雲棲寺。此後，雲棲寺成為歷經數百年而不衰的淨土專修道場。

叢林再現

雲棲寺雖然簡陋，但因有真修實學的大師安住於此，所謂「山不在高，有仙則名；水不在深，有龍則靈。」十方衲子慕名而來的僧眾，一時絡繹不絕；

因此，雲棲寺的佛法大興，就成為遠近馳名的叢林道場。（註四）如憨山大師〈古杭雲棲蓮池大師塔銘〉所云：「自此法道大振，海內衲子歸心，遂成叢林。」

雲棲寺的道風是以戒律為基本，以淨土為依歸，也就是「持戒念佛」。隨著住眾的日益增多，大師仿照百丈清規，制訂叢林規矩，也就是所謂「僧約十條」，做為共住的規約。

大師開宗明義闡明：僧眾出家的目的是「遠離塵闠，專為修行」，制訂僧約是為了凝聚僧團的共識，建立清淨共住的僧團。

大師所訂下的僧約有十項，即所謂雲棲寺僧約十章——

第一、敦尚戒德約：

破根本大戒者，出院。（意為「擯出」，乃是對犯戒比丘、沙彌等出家眾處罰方法之一，也就是將其自僧團逐出，不許其與僧眾共同起居，相當於削除僧籍。）

誦戒無故不隨眾者，出院。

不孝父母者，出院。

欺凌師長者，出院。

故違朝廷公府禁令者，出院。

習近女人者，出院。

受戒經年不知戒相者，出院。

親近邪師者，出院。

第二、安貧樂道約：

飲食不甘淡薄者，出院。

著豔麗衣服者，出院。

泛攬經事者，出院。

爭嚫錢者，出院。（「嚫錢」之義有三：一、指信徒布施三寶之金、銀、衣物等；二、指禪宗之住持於法會時，於諸佛祖師像前所供之獻金；三、法師為其俗世親屬或一般在家信徒作佛事之後，施主供養法師之錢，亦稱為「嚫金」。）

田蠶牧養者，出院。

聚集男女做世法齋會者，出院。

第三、省緣務本約：

無故數遊人間數還族舍者，出院。

習學應赴詞章笙管等雜藝者，出院。

習學天文地理符水爐火等外事者，出院。

習學閉氣坐功五部六冊等邪道者，出院。

好與無益工作者，出院。

第四、奉公守正約：

非理募化者，出院。

侵尅信施者，出院。

擅用招提之物者，出院。

廢壞器用不賠償者，出院。

偏眾食者，出院。

不白眾、動無主僧物者，出院。

臨財背眾苟得、臨難背眾苟免者，出院。

第五、柔和忍辱約：

破口相罵、交拳相打者，出院。

威力欺壓人者，出院。

侮慢耆宿者，出院。（「耆宿」為年高而素有德望者）

第六、威儀整肅約：

戲笑無度者，出院。

褻瀆經像者，出院。

衣帽故不隨眾者，出院。

高聲爭論三諫不止者，出院。

第七、勤修行業約：

無故屢不禮誦者，出院。

執事慢、不行其事者，出院。

惡人警策昏沉者，出院。

試經久不通利者，出院。

不信淨土法門者，出院。

第八、直心處眾約：

挑唆彼鬪爭者，出院。

樹立朋黨者，出院。

機詐不實者，出院。

謗訕清規、誣毀清眾者，出院。

情識私結不正之友者，出院。

第九、安分小心約：

大膽生事者，出院。

謬說經論者，出院。

妄拈古德機緣者，出院。

無知著述誤人者，出院。

招納非人者，出院。

自立徒眾者，出院。

擅留童幼沙彌者，出院。

己自不明、好為人師者，出院。

哄誘他人弟子背其本師者，出院。

無大故擅入公門者，出院。

妄議時政得失是非者，出院。

輕心謗斥先聖先賢者，出院。

以常住產業與人者，出院。

侵佔人產業者，出院。

另為煙爨者，出院。（煙爨——燒火煮飯之意。）

第十、隨順規制約：

令之不行、禁之不止者，出院。

有過罰而不服者，出院。

住寺名不入僧次者，出院。

梗法不容知事人行事者，出院。

知事人更變成規者，出院。

凡事不白師友、恣意妄為者，出院。

故與有過擯出人交往者，出院。

在大師《雲棲法彙》中的〈雲棲共住規約別集〉，詳細記載大師帶領雲棲僧團的各項規定。

明朝的禪宗，已經不是達摩祖師和六祖傳下來真正的禪宗了。古代大德的

「參禪」，到明朝已轉變成「念禪」和「講禪」，處處都是「當午三更」、「夜半日出」等口頭禪，祖師的棒喝機鋒也被當成「以打人為事」的藉口。一般人誤以為參禪只講究頓悟，不立文字、言語道斷、心行處滅，而輕忽戒律和教理。因此，大師為了振興佛教，極力倡導「以戒嚴身」。大師曾說過：

佛設三學以化群生，戒為基本；基不立，定慧何依？思行利導，必固本根。

大師強調，戒學乃是定、慧二學的基本，因此大力倡導。

大師並倡導大眾僧依佛制每半月布薩（為梵語 Upavasatha 的音譯，是清淨三業與長養功德之意；僧眾若有違犯戒律者，即於眾僧前發露懺悔），誦《梵網經菩薩戒》及《比丘戒本》。

大師除了倡導大眾僧遵守並研究戒律外，並全力提倡「以平等大悲攝化一切，非佛言不言，非佛行不行，非佛事不作」的戒律教義。大師撰著《沙彌要略》、《具戒便蒙》及《梵網經心地品菩薩戒義疏發隱》（簡稱為《梵網菩薩戒經義疏發隱》或《菩薩戒疏發隱》）等，闡明戒律的要義；此外，大師鼓勵大眾僧須深入經藏，學習佛教的義理。

大師除了倡導持戒、研習教理外，還提倡念佛、戒殺、放生、禪淨合一、三教合一等教義，深得僧俗的推崇；包括大司馬宋應昌、太宰陸光祖、宮諭張元忭、大司成馮夢禎、陶望齡等朝廷顯貴及其他民間縉紳，也紛紛前來請益。四方道俗聞風而至，海眾雲集共修淨業。

因此，大師被尊稱為「雲棲大師」，寺院終得復興，寺殿規模也逐年擴大，儼然成為杭州城的大叢林，世人稱之為「雲棲宗」。凡是叢林所須的房舍、物品，逐漸完備，而晝夜六時念佛聲也不絕於山谷，頗能遠追當年盧山慧遠大師的白蓮社。後來，雲棲寺成為「雲棲念佛派」之根本道場。

大師對僧眾的修持要求嚴格。對精進僧、老病僧、遊方僧，各自設立別堂安頓。寺內百種執事，各有寮房，具備鎖鑰，按照時間開門和關門。寺中設有各種警策語，用來警示世人們人命呼吸間，時間過隙，如少水魚，應及時念佛；

例如〈直院誡言〉、〈庫銘〉、〈堂銘〉、〈廚房銘〉、〈浴堂銘〉、〈齋堂條示〉、〈受食偈〉、〈定香銘並式〉等偈文，皆是警惕大眾用功辦道。

從寺內東、西二堂的〈堂銘〉，可以深深感受到大師平日惕勵弟子戒慎精進的用心。〈東銘〉是：

一瓦一椽，一粥一飯；檀信脂膏，行人血汗；
爾戒不持，爾事不辦；可懼可憂，可嗟可嘆！

〈西銘〉則為：

一時一日，一月一年；流光易度，幻形匪堅；
凡心未盡，聖果未圓；可驚可怖，可悲可憐！

每天有固定的課誦及個人的修持及作務。晚上有僧人往來巡察警眾，沿路擊板念佛，聲音傳遍山谷。僧眾每半月要布薩羯磨，提舉功過，論行賞罰，不講情面。冬天要坐禪，閒暇時要聽經聞法、學習教理。

為了讓僧眾個人能夠如法地修持，大師訂立〈修身十事〉——

一、不欺心；二、不貪財；三、不使奸；四、不用謀；五、不惹禍；六、不侈費；七、不近女；八、不外騖；九、不避懶；十、不失時。

大師對寺內出家眾的要求很嚴格，凡是願意在雲棲寺出家的人，必須符合以下四點——

一、必須由父母或極親的人，親送到寺院。

二、經審核非是忤逆不孝、非犯罪脫逃、非勢逼貧窮、非心圖放逸、非曾為惡事、非身屬大家、非負債不還、非家緣未了者。

三、讀誦經典方面應已粗知晨昏功課之經，如《心經》、《阿彌陀經》等經典。

四、頗通書、字：書不必博學，但曾少分讀習；字不必工好，但能隨分書寫。

進入寺內之道友，須於出家前依序學畢規定經典，否則不能出家。首先分為法、報、化等三字型，其學經的順序，依次如下——

一、法字型：晨昏課經全堂，《佛祖遺教三經》、《沙彌要略》、《四分戒本》、《梵網戒經》、《十六觀經》、《大彌陀經》、《金剛經》、《圓覺經》、《維摩經》、《楞嚴經》、《法華經》、《華嚴經》、《大乘起信論》。

二、報字型：晨昏課經，《沙彌要略》、《遺教經》、《四分戒本》、《梵網戒本》、《十六觀經》、《大彌陀經》、《金剛經》、《圓覺經》、《法華經．普門品》、《華嚴經．普賢行願品》。

三、化字型：晨昏課經，《彌陀經》、《梵網經》、《觀經上品上生章》、《四分戒本》。

以上三型，依經次學完一經，再進一經，跳越學者罰銀一錢。

課經未完者，不得出家；《要略》不知者，不得受具足戒；《四分戒本》不知者，不得受菩薩戒。

年滿六十歲，晨昏課經未熟而出家者，缺一事罰銀一錢。

由於雲棲寺的寺規，具有「嚴淨毗尼，尊崇講誦，明因果，識罪福，整飭清規，真修實行」的功用；而且，大師以身作則，嚴格執行寺規。因此，雲棲寺能歷經數百年而不衰；而大師所訂的各項規定，仍可為現代人訂立寺規的參考。

雖然古杭雲棲寺常住僧眾達數千人之多，但沒有設立專職化緣的執事，而只是聽任信眾隨喜布施；凡有香俸盈餘，則轉供養給其他寺廟，庫房不積蓄金錢；除設齋供僧外，如有別持金銀作供者，隨手轉成布施衣藥，或救濟貧病者。用意在於避免寺產過多，反成修行的障礙。

大師在〈建立叢林〉一文中，曾云：

> 叢林為眾，固是美事，然須己事已辦，而後為之；不然，或煩勞神志，或耽著世緣，致令未有所得者望洋而終，已有所得者中道而廢。予興復雲棲，事事皆出勢所自迫而後動作，曾不強為，而亦所損於己不少，況盡心力而求之乎！

大師指出，若是為了讓僧俗四眾有棲身之處，安身辦道而建立叢林，固然是一樁好事，但必須在自己的生死大事已有把握，再去操辦此事；否則，有時為了籌備財物而耗損精神，有時為了耽著世俗的塵緣，致使自己的道業沒有成就，而終身感慨；即使修行有些成就者，也會因種種煩勞耽擱，致使道業半途而廢。

大師當初復興雲棲寺，每件事都是因情勢所逼，不得已才動工興建，沒有一件工程不是順勢而為的，對大師的道業卻還是減損不少，何況那些盡心盡力去操辦此事的人呢！因此，大師將建立叢林這件事記錄下來，用以警惕自己並勸告後人。

大師本身的自律很嚴格，一生奉行遍融禪師的教誨：「不攀緣，莫貪名利，唯以一心辦道，老實持戒念佛。」因此，大師雖攝受當時的權貴人士，仍能全身而退，終其一生未遭遇囹圄之災。

大師駐錫雲棲寺四十餘年中，不曾隨意妄用一錢。他始終不改樸實淡泊的天性，對於自己的生活所需從未過分要求，一向惜福惜勞，即使年老還是自己洗衣、洗滌溺器，不麻煩侍者。其一生都穿麻布素衣，用的麻布蚊帳則是他母親留下來的遺物，如其自謂：「窮漢起家，惜土如金」。

此外，由於悲憫幽冥眾生之苦，大師便去學習焰口儀軌，並依儀軌如理放焰口，利益幽冥眾生。現在中國寺院日常課誦所用的《朝暮二時課誦本》、《水陸儀軌》、《施食儀軌》和《瑜伽焰口》等，都是大師當時修訂並流傳下來的共修課誦本及佛事儀式。

對士大夫的影響

就居士人才的發展而言，明末極為隆盛。清朝的彭際清（一七四〇至一七九六）所編的《居士傳》共計五十六卷，其中的三十七至五十三卷便是明代居士的傳記；其中，只有四人是萬曆以前的人，其餘六十七人的正傳及三十六人的附傳，均屬於萬曆年間以至明朝亡國期間的人物。換言之，當時的中國佛教，不僅是僧侶人才輩出，而且居士亦是人才濟濟；因此，有很多傑出的居士護持三寶，僧侶佛教也顯得非常活躍。

明末的居士，大多數屬於士大夫階級，以讀書而為官吏，乃是當時最好的出路。由於他們是為了考取為官的資格，而苦讀朝廷所指定的儒書；所以，他們的思想背景是以儒家的立場為主，甚至有人受了南宋朱熹（一一三〇至一二〇〇）的理學之影響，而反對佛教義理。

信佛後的居士們，大多仍出入於儒、釋、道三教之間，往往以儒家的孔、孟言論來詮釋佛教的經典。有些人則把學問分成二門，一為經世、一為出世；儒為經世之學，佛為出世之學。另外，有些居士以儒者的基礎，學長生不死的仙術，再轉而學佛。因此，明末居士的思想，亦是富有儒釋道三教同源論的色彩。

明朝的印刷業已經發展到新的高峰，佛經的刻印規模也大幅度提升，佛經的印行相較於前朝亦頗為發達。相對地，知識分子也更方便接觸到佛教經論。

明末居士的佛教信仰及作為修持指導的經論，主要的是《金剛經》，其次是《楞嚴經》，再其次則是《華嚴經》、《圓覺經》、《妙法蓮華經》、《心經》、《阿彌陀經》、《地藏菩薩本願經》、《六祖壇經》、《大乘起信論》、《維摩經》、《梁皇寶懺》、《指月錄》、《宗鏡錄》、《五燈會元》、《阿彌陀經疏鈔》、《三千佛名經》、《四十二章經》、《佛遺教經》、《般若經》、《大悲咒》、《往生咒》、《大慧語錄》、《中峰語錄》等二十多種經論，其中又以《楞嚴經》、《心經》、《金剛經》為最主要的經典。由此可以瞭解，當時的佛教界，是以禪宗為主流的如來藏思想為主，淨土的思想則主要是以《阿彌陀經》為準。

當時的居士們，除了誦經、念佛、參禪之外，也重視拜懺或持咒；例如，杜居士、程季清、徐成民、虞長孺等人重視禮誦懺法，吳用卿、黃晞、袁了凡、劉玉受、徐成民等人主要持誦往生咒、大悲咒、準提咒等。

對當時居士界影響力最大的高僧便是蓮池大師。大師倡導禪、淨並重，力倡明信因果、戒殺、放生等，對當時社會具有很大的安定作用。當時的居士亦組織放生會，撰寫有關放生的文章，並設立放生池等，促進居士會在當時的蓬勃發展。

明末居士對於佛教的支持，雖說淨土的勢力強大，但傾向禪的力量也很強；大多數的知識分子，內心嚮往禪宗。所以，大師在當時亦被稱為「蓮池禪師」。

文殊化參

據傳，文殊菩薩（註五）曾化為童子來向大師請法。

當時一般請法的禮儀，是右繞三匝，然後三頂禮，之後就胡跪合掌，請求法師或大德開示；但是，這位童子不是如此，而是一問訊後就請法了。

大師看到此況後，就對童子說：「兩腳有泥，必是遠來客。」

童子回答：「聞知蓮池水，特來洗一洗。」（意指：聽聞大師的佛法廣大無邊，特來一參。）

大師就說：「蓮池深萬丈，不怕淹死你嗎？」（佛法廣大無邊，不是你這個小孩能懂得的。）

童子又回答：「兩手攀虛空，一腳踏到底。」（意謂：蓮池雖深萬丈，但我這小童卻能頂天立地。）

大師一聽到就知道：「哦！這位不是普通的童子，我可能是遇到菩薩了。」於是大師立刻就頂禮童子。

文殊菩薩是七佛之師，於諸菩薩中，尊稱智慧第一。大師能感得文殊菩薩化身來參學，並與其機鋒對答，可見大師修持境界之高。

綜上所述，大師出家受戒後，便行腳雲遊四方，參訪善知識。四年後，回到故鄉杭州，並定居雲棲寺，為村民除去虎患、祈雨等；大師以佛教慈悲濟世精神，福利世人。

大師並隨順因緣，建立叢林道場，制訂寺規，住持正法。由於自律嚴格，又廣行各種善業，使大師受到上至達官貴人、下至庶民百姓的愛戴與支持，世人尊稱為「雲棲大師」。

由於大師曾雲遊四方，並參訪寺院，使他有機會深入地了解佛教現狀，並廣泛地接觸社會大眾，對其思想之形成有顯著影響。透過各地的廣參博學，以及遍訪佛教的名流耆宿，也看到了佛教內部的各種弊端和不良風氣，大師決心力挽此頹風，提倡持守戒律和研究教理，並主張禪淨雙修，為振興佛教注入一股清流。

大師畢生以持戒、念佛為其主要的修持，並再三囑咐雲棲寺的弟子，盼大眾「只宜安分守己，老實念佛，毋得自玷清規。」

【註釋】

註一：遍融禪師，字大方，號遍融。是南嶽下三十一世、臨濟宗佛岩不二真際禪師法嗣，四川營山人，俗姓錢，生於世代書香之家。

遍融禪師小時候就十分聰敏，喜好讀書，過目不忘。三十二歲時，感嘆生死無常，於是前往峨眉山九老洞，禮請可和尚為師，剃髮出家，受具足戒。

遍融禪師四次入京師。第一次到京師，住龍華寺，聆聽通秀大師講解《華嚴經》，聽到「若人欲識佛境界，當淨其意如虛空，遠離妄想及諸取，令心所向皆無礙」處就大徹大悟。第二天，禪師上山，住在馬祖洞（今安徽天柱山），很多人跟隨他一起上山；但是，山中沒有什麼食物，禪師便和信眾一同打柴，去九江換一些糧食度日。七年後，禪師道振江南。於是又回到京師，在柏林禪院一心讀經，聲望日高。許多高僧大德，包括晚明四大高僧中的三位大師，即蓮池、紫柏、憨山等大師，都曾親近過禪師，並向禪師請教佛法。

據《華嚴經持驗記》所載，明隆慶年間，禪師被誣陷入獄。獄卒以為禪師名氣大，必定很有錢，就向禪師勒索錢財。禪師說：「出家人怎麼有錢呢？」於是，獄卒就把禪師裝到大閘床裡，準備行刑。禪師就大聲念「大方廣佛華嚴經！華嚴會上佛菩薩！」念完，閘鎖就斷了，而閘也碎了。獄卒們把這事稟告給上級，最後傳到皇上。後來，皇上親自過問這件事，並下詔讓遍融禪師出獄。大師在牢獄期間，信眾常送物資到牢房；但是遍融大師並未一人獨享，而是與其他囚犯共享。這樣的舉動感化所有的囚犯，陸續皈依三寶並念佛。

之後，李太后建大千佛寺，請禪師開山，陳文端、趙文肅為護持。最後，遍融禪師於八十三歲圓寂。

註二：笑巖禪師（一五一二年至一五八一）原名月心，法名德寶，號笑巖。是明代禪宗之臨濟宗的高僧，為臨濟宗第二十八代祖，被稱為明中葉高僧之一，清朝後尊稱為笑祖或寶祖。

笑巖禪師明武帝正德七年出生於金台錦衣吳姓望族。二十二歲在河南廣慧院出家，並拜大寂能禪師為師。二十三歲受具足戒。

之後，笑巖禪師開始遊方參學，自誓今生必定要究明宗門中事。他先後禮謁過大川、月舟、古春、古拙等宗門長老，多蒙啟發。

之後，在龍泉寺臨濟宗二十七代祖無聞正聰禪師處得法。笑巖禪師得法受記後，繼續留在正聰禪師座下，執侍多年。

笑巖禪師辭師後，開始出世接引眾生。許多高僧大德，包括晚明四大高僧中的三位大師，即蓮池、紫柏、憨山等大師，都曾親近過笑巖禪師，並向禪師請法。

笑巖禪師晚年掛單在北京西城柳巷的寺廟，將衣缽傳給幻有正傳禪師，圓寂於萬曆九年（一五八一），享年七十歲。著有《月心語錄》，又稱《笑巖集》或《南北集》流傳於世。

弟子在西直門外小西門建墓塔紀念笑巖禪師；順治年間擴建成塔院，稱為笑祖塔院。每年都有很多臨濟宗弟子到笑祖塔院祭拜，成為北京的一項習俗，稱為「三月三轉塔」。

西元一九六六年，笑祖塔院在文化大革命中被毀壞，現僅存古柏、石碑等物，屬於北京市海淀區之區級保護文物。

註三：杭州四周群山環繞，其中以西湖西南、錢塘以北的五雲山為最高山脈。傳說古時候有五色的祥雲經常盤旋在山頂，故名雲棲山；後以瑞雲飛集山塢中，經久不散，時人異之，因號雲棲塢。匯集於西塢，經久不散，故得此名。

登上五雲山，南北二高峰盡在足下。山勢西南而行，與東北向的錢塘江會合，山水相應，實是一處靈淑鍾賢的寶地。

此地遠離市井，山深林密，竹林滿坡，修篁繞徑，素以竹景的「綠、清、涼、靜」四勝而著稱於世。馳名的「雲棲竹徑」是萬千茂竹、清涼溪泉、天然生態的幽靜景點，向有「竹景清幽」之稱，「雲棲竹徑」因此成為西湖美景之一；古人曾寫「萬竿綠竹影參天，幾曲山溪咽細泉」的詩句，就是此自然景觀的寫照。

宋代乾德五年（西元九六七年），有高僧大扇志逢禪師（九〇九至九八五）在雲棲山結菴居住。塢中多虎，志逢禪師駐錫後，每日攜帶大扇去市集乞錢，然後買肉飼養老虎，老虎便漸漸馴伏。每到志逢禪師日暮回山的時候，老虎即來迎接，用虎背馱著志逢禪師歸寺，因此世稱「伏虎禪師」。吳越王錢氏為志逢禪師建寺在五雲山的山頂，稱為雲棲寺。雲棲寺與靈隱、淨慈、虎跑、昭慶等諸剎，齊稱杭州五大叢林名剎之一。

北宋天禧三年（一〇二〇），宋真宗趙恆賜額「真際院」，兼闢雲棲、天池二院，成為三剎。其中以雲棲院最為幽靜，附近有青龍、聖義、金液名泉三眼，寺後東岡即是壁觀峰。

宋英宗治平二年（一〇六五）改名棲真院。

明孝宗弘治七年（一四九四），由於霖雨發洪，殿宇、經像隨水漂沒，寺院毀廢，梵剎不存。蓮池大師北來時，古杭雲棲寺已經荒廢近百年。

明隆慶五年（一五七一），蓮池大師駐錫於此，改回舊名雲棲寺。

清代康熙、乾隆之際是雲棲寺空前鼎盛的時期。根據〈雲棲法彙．聖駕幸寺恭紀〉記載，康熙「五次幸山」，五次駕臨雲棲寺。乾隆則「四臨浙水，八度雲山」，六度下江南，有四次駐蹕浙江，駕臨雲棲寺則有八次之多。

清末以後，雲棲竹林屢遭破壞，不再維持舊有的樣貌。抗日戰爭杭州淪陷期間，竹林更遭濫伐，幾近滅絕。

西元二〇〇四年九月，雲棲景區景點改擴建工程完工，但是雲棲寺已經蕩然無存。紹興市之「小雲棲寺」則為雲棲寺之姊妹寺。

註四：佛陀遊化人間，在各地建立精舍，不但是開示說法的場所，更是大眾安心辦道的場所。

禪宗初傳入中國時，禪僧僅以道法相互授受，多半棲居在岩石洞穴下，或寄居於律宗寺院中，但因舊制而齟齬時生，無法安居辦道。

馬祖道一禪師在懷讓禪師座下得到印可，成為入室弟子。唐玄宗天寶元年（七四二），馬祖道一禪師辭別懷讓禪師後，前往閩地建陽（今福建省）的佛跡嶺，自創法堂，聚眾傳法，弘揚南宗禪法。馬祖道一禪師發心創建叢林道場，別立禪居，使禪門僧侶能聚集共住。

唐玄宗天寶三年（七四四）左右，馬祖道一禪師自閩南佛跡嶺遷往臨川（今江西撫州市）西里山（又名犀牛山），開始在江西等地開堂說法、創建禪林，之後又遷到虔州（今江西贛州市）龔公山（今寶華山）闢地建寺。

唐朝在京都、諸州皆設有官寺，主要功能即是為皇室祈福，為百姓祈平安。大曆四年（西元七六九年），馬祖道一禪師在洪州地方軍政長官的支持下，率眾駐錫洪州治所在的官寺——鍾陵（今江西省南昌市）開元寺（今佑民寺），並以開元寺為中心，廣泛地開展弘法活動，將南宗禪法普傳到社會的每一個階層。

之後，其弟子百丈懷海禪師，依大小乘經律制定清規，開始制定禪門規矩，使大眾有共同的生活規範，一同精進辦道，讓叢林道場的制度更加完備；因此，有所謂「馬祖建叢林，百丈立清規」之說。古德常說：「寧在大廟睡覺，不在小廟辦道。」意即，在好的道場環境下，大眾一起用功辦道，可使道業迅速提升。

大眾可藉由道場廣植福田及精進用功，不僅有同參道友的互相提攜，增長福慧；同時，也能使佛法深入及廣傳世間。

註五：文殊菩薩具稱為文殊師利、曼殊室利（Mañjuśrī）菩薩，或妙吉祥菩薩，乃諸佛之智慧所化。

根據佛教經典，文殊菩薩於無量阿僧祇劫前早已成佛，是空寂世界的「大身如來」、平等世界的「龍種上尊王如來」，現在世為「歡喜藏摩尼寶積如來」。在燃燈佛將成佛時，倒駕慈航為「妙光菩薩」，為燃燈佛說法。如今化現為菩薩，協助釋迦牟尼佛度化眾生。未來，文殊師利還要在無垢世界成佛，號「普現如來」，故文殊菩薩是三世古佛。

文殊菩薩的座騎是青獅，獅子表威猛。其身色有很多種，如紅黃色、白色、綠色、黑色等。常見為紅黃文殊，頭戴五佛冠，表示五方佛的五種智慧；右手高舉般若焰劍，表示斬斷一切無明煩惱；左手當胸做轉法輪印，並拈著青蓮花，花瓣上平放著般若經典，表示智慧。

文殊菩薩與普賢菩薩，同為毗盧遮那佛之脅侍，合稱為「華嚴三聖」。

在漢傳佛教中，大智文殊菩薩（五臺山）與大行普賢菩薩（峨嵋山）、大悲觀音菩薩（普陀山）、大願地藏菩薩（九華山）共同度化眾生，尊稱為「四大菩薩」。

《妙法蓮華經・序品》云：「往昔日月燈明佛，未出家時有八子，聞父出家成道，皆隨之出家。時有一菩薩名『妙光』，佛因之說《法華經》。佛入滅後，八子皆以『妙光』為師，『妙光』教化之使次第成佛，其最後之佛名『燃燈』，其『妙光』即『文殊』也。」故文殊菩薩有「諸佛之師」的美譽。

《華嚴經》云：「東北方有處，名清涼山（五臺山），從昔以來，諸菩薩眾，於中止住，現有菩薩，名文殊師利，與其眷屬，諸菩薩眾，一萬人俱，常在其中，而演說法。」文殊菩薩常於五臺山教化眾生，故五臺山被視為文殊道場。

五臺山有五個臺頂，分別供奉著五方文殊菩薩，即中臺的孺童文殊、東臺的聰明文殊、南臺的智慧文殊、西臺的獅子吼文殊，以及北臺的無垢文殊。所謂「大朝臺」即是朝覲五個台頂的五方文殊菩薩，「小朝臺」

則是朝覲黛螺頂的五方文殊菩薩，蓋因黛螺頂供奉著五座臺頂的五方文殊菩薩。

此外，《華嚴經》中記載，文殊菩薩啟發善財童子一路向南參訪諸善知識。在《法華經》中亦記載文殊菩薩教化龍女，使其八歲當下成佛。又據說文殊菩薩與阿難等尊者曾於鐵圍山結集大乘的經藏。

依《文殊師利般涅槃經》中記載：「若有眾生但聞文殊師利名者，除卻十二億劫生死之罪；若禮拜供養者，生生之處恆生諸佛家，為文殊師利威神所護。」

第三章　明信因果

放生者，或增福祿，或延壽算，或免急難，或起沉痾，或生天堂，或證道果，隨施獲報，皆有徵據。

明神宗萬曆四年（西元一五七六年）春天，大師四十二歲，再次參訪五臺山，並掛單於時年三十一歲之憨山大師（註一）隱居處，彼此研解佛法，暢談數日，甚為契合。

戒殺放生

大師的老家杭州地方的風俗，每年歲末家家戶戶都會祭祀神明，大則宰羊或殺豬祭神，小則用豬頭、雞、魚等供物祭神。

大師還沒出家前已持守五戒，其中之一是戒除殺生；於是，大師請家人改用蔬果祭神。但是，全家人——包括小孩子——都感到訝異，他們認為不可以更改傳統的牲禮祭神，怕會觸犯神明、引來災禍。

因此，大師便燃香供燭，大聲地向神明稟告：「我本人奉持不殺生戒。如果殺生祭祀，不僅我自己犯殺生的罪過，而且牲禮對神明也沒有好處。改用蔬果祭神是我個人獨自的決定，其他人都想要用牲禮祭神；因此，如果神明為此而不高興，請把所有的災禍全部加在我一人身上；若是濫及無辜，就不配稱為聰明正直的神。」

大師稟告神明後，他的家人仍為他擔憂；直到隔年歲末，全家都平安健康，大家才相信祭祀神明可以只用蔬果。從此以後，家人就改用蔬果祭神。

現今的社會由於民風開放、資訊發達，很多人也逐漸將原本的三牲祭禮改成以鮮花素果祭祀神明和祖先。大師於在家時就用慈悲和智慧勸導家人，慈心不殺，改用蔬果祭祀神明；然而，在當時卻是相當令人側目的。

大師有感百姓的疾苦及社會國家的災難頻生，極力鼓勵人們戒殺和放生。如《大智度論》云：「諸餘罪中，殺業最重；諸功德中，放生第一。」大師開示：「天地生長萬物，世間有各種的穀物、水果、蔬菜、以及生長在水陸的珍貴食物可以供人食用；人們又能憑著善巧的手技及智慧，把這些食材製作成各式餅乾、糕點，加入調味料，用煮烤方式烹調，做出各色各樣的可口風味，這樣已經非常足夠食用了。何苦還要把那些跟我們一樣有血氣、知覺、能感痛癢、能覺生死的動物殺死來作為食物呢？這般殘忍悖理的事怎能做得出來呢？」因此，大師極力提倡戒殺和放生，並且撰寫〈戒殺文〉和〈放生文〉，廣為勸導世人。

大師在〈戒殺文〉提到：世間人認為吃肉是理所當然；於是，任意殺生，積了很多怨業。家族世代相傳而習以為常，鄉里間鄰居互相效仿而成為陋習，因而自害害牠，絲毫不自覺。大師每想到此，都痛哭流淚，並且深感嘆息。大師認為，世人常在婚喪喜慶等節日殺生宴客，實是一種迷失和偏執；因此，大師勸導世人在一些特定的節日或場合，應該盡量避免殺生。大師將其區分為七項，列舉如下——

一、生日不應該殺生：

父母生育和養育兒女而勞累一生，孝敬父母是兒女應盡的本分，這是做人的基本道德。我們出生的那一刻，正是母親在生死邊緣掙扎之的時候；因此，生日這一天正應該戒殺持齋、廣行善事；這樣一來，才能讓已故的父母往生善道，健在的雙親增福延壽。如果我們殺害生靈，則於上給雙親留下禍患，於下也不利於自己及子孫。種殺業得殺報，應當戒除殺業。

二、生子不應該殺生：

一般人若是無子嗣便感到悲哀，有子嗣就感到快樂，這是人之常情，動物界也如此。但是，為了慶祝自己的子女誕生，而殺雞宰羊的話，於心何忍？何況，嬰兒剛出生，應該為他們積德造福，反去殺生造業，不是太愚蠢了嗎？

三、祭祀祖先不應該殺生：

在祖先的忌日以及清明掃墓祭祖時，都應戒殺。用殺害生靈去祭祀祖先，其實是增添祖先的惡業。即使有滿桌山珍海味，祖先的遺骨怎能起來享用呢？有智慧的人是不會這樣做的。

帶血的葷食未必珍貴，蔬果素食也未必不好。作為後代的子孫，重要的是慎修自身，而不致斷了祖宗的德性，這就是最好的祭祀。

四、婚禮不應該殺生：

世間的婚禮，從問名字算命直至成婚，不知道要殺害多少生靈？結婚是延續下一代的開始，在生的開始時去做殺害生命的事，這在道德倫理上是相違背的。再說，婚禮是吉禮，在吉祥的喜宴殺害生命，豈不是太悲慘而不吉利嗎？

凡是一般人結婚，都希望白頭到老；世間人願偕老，牲畜也是如此。古代嫁女兒的習俗，娘家的父母要在家裡點上蠟燭，三天不能讓蠟燭熄滅，表示父母思念出嫁離別的女兒，可見女兒也是父母親的心頭肉。（《禮記．曾子問》：嫁女之家，三夜不息燭，思相離。）世人以骨肉相離為苦，難道禽獸會反以骨肉相離為樂嗎？

五、宴請賓客不應該殺生：

在美好的喜宴上，賢德的主人以素食菜羹來招待尊貴的賓客，不也挺清爽雅致嗎？何必殺害許多生命，窮極奢侈，而讓生靈在宰割中哀鳴悲號於砧板上。

若是知道盤中的食物，是從砧板的哀怨號叫而來，以牲畜的痛苦來滿足自己的口腹之欲，你還能嚥得下去嗎？能不為之悲哀嗎？

六、祈禱不應該殺生：

世人有病，往往殺生祭神，祈求保佑。但是，仔細想一想，殺牲畜命用來延長自己的性命，這其實是背逆天理的事，還有比這更嚴重的嗎？正直的人，才能成為神，神難道會徇私嗎？如《藥師經》中提到：「殺種種眾生，解奏神明，呼諸魍魎，請乞福佑，欲冀延年，終不可得。」結果是自己的生命沒有得到延長，卻加重了殺業。殺生者招感短命，真是背道而馳啊！

世人祭神祈禱，例如殺生求子、求官或求財等，即使真的得子、得財或得官，其實是自己前生的福報，是份內的事，與鬼神無關。如果因此而相信鬼神靈驗，對鬼神深信不疑，邪知邪見便會更加嚴重，以致不可救藥，實在可悲呀！

七、謀生不應該殺生：

世人為了衣食生計，或從事打獵，或從事捕魚，或做屠夫；依大師看來，不做這些行業也一樣可以生存。殘殺眾生，將受到因果報應，以致遭受橫禍而亡；種種殺業所造成的地獄果報，將是來生受到惡報的根源。何苦不去謀求別的生計呢？

大師曾經親眼見到一個殺羊的屠夫，臨死時像羊一樣地咩咩叫著；一個賣鱔魚的人，臨死前頭就像是被鱔魚啃過一般地留下齒痕。這兩件事都發生在大師的鄰居身上，並非傳說。

因此，大師奉勸世人，若是沒有合適的生計，寧可去要飯，也不應造殺業；與其殺生苟活，不如飢餓而死。不可不戒殺啊！

大師認為，富貴人不能茹素，其原因有二：一是貪著肉食的美味可口，二是擔心只吃粗劣的蔬食恐會營養不良、有損身體。殊不知，肉食與蔬食對於身體的胖瘦或許有關係，對於壽命的長短卻沒有影響。例如，鹿的壽命比其他的動物長，但鹿是草食；老虎是肉食動物，壽命卻比鹿短。

大師建議，若因習慣而無法長期素食者，不妨先持月齋、日齋或食三淨肉；只要堅持不殺生，日久之後，肉食的習慣自然會斷除。

大師殷重勸誡世人，如果能夠如上所說的全部戒除殺業，當然最好不過；如果還無法完全戒除殺生的人，也應量力減少殺生，或至少禁止其中的兩、三項，因為「除一事則消一業，減一殺則杜一怨。」若是未能斷絕肉食的人，暫且先到市場買現貨（三淨肉），不要親殺或為自己而殺，也可以免去大的過失；長養慈悲心，日後漸入佳境。

若得見此文者，更望展轉流通，互相勸勉。能勸一人不殺，如同救了百萬生靈；勸至十人、百人，乃至千萬億眾，則陰德很大，善果無窮。

此外，大師在〈如來不救殺業〉一文中指出，人們所造的惡業，特別以殺業為重。姑且不談整個中國境內，單單就一個小縣城而言，一天之中所殺害的生命，如牛羊狗豬、鵝鴨魚類等，恐怕就成千上萬，至於其他的微生物更是不計其數。

大師曾思忖，為何諸佛菩薩不稍顯示神通，使殺生的人現世就受惡報、或者令他本人嘗點苦頭呢？倘若能如此，有誰不會因受惡報感到恐懼而悔改？為什麼諸佛菩薩沒有任何作為呢？

這個問題大師思索了很久，終於明白箇中因果。依大師的理解，現世的牛羊等牲畜，是由於過去世造殺業，這一世才受報為畜生；至於那些屠夫，大概就是前世被人所殺的牲畜，這輩子轉生為宰殺牲畜的人；因緣會遇時，則展現出互相報復的因果。這都是由於造惡因受惡果的定業，因果定律使其如此，誰也救不了；必須等到他們的宿業都消盡了，互相報復的心才能平息。在他們的宿業未消盡前，即使佛陀出世，對此也是無可奈何啊！更何況眾生常是宿世冤業還未平息，又造了新的罪業；如此一來，因果法則互相循環無盡，冤冤相報要到何時才能了結呢？

大師認為，雖然以前所造的殺業已經不可挽回，但今後的因果還能補救；只要從今以後堅持不再造殺生的業因，以後就不會有被殺的果報。因果法則是如來的明訓，如同日月星辰般地彰顯，是如來為眾生明示終止殺業報應的方法；若能依如來的明訓，就不會冤冤相報、永無止境了。不殺生，實是佛陀救度眾生最究竟圓滿的方法。

除了力倡戒殺外，大師也極力鼓勵放生，並且撰寫〈放生文〉。在〈放生文〉一開頭說道：

> 世間至重者生命，天下最慘者殺傷。是故，逢擒則奔，蟣蝨猶知避死；將雨而徙，螻蟻尚且貪生。

這段話指出：世人最珍重的，莫過於自己的生命；天下間最悲慘的，莫過於是殺戮。因此，萬物當自身的性命遭遇到威脅時，都會懂得立即避開危難，以求存活。

因此，大師廣勸世人放生，勸導世人隨所遇見有緣的生物，對其生起慈悲心，進而捨世財放生，這是修行的前方便。放生不僅是實際救護生命，也是行善廣積陰德：

> 施皆有報，事匪無徵；載在簡編，昭乎耳目。普願隨所見物，發慈悲心，捐

不堅財，行方便事，或恩周多命，則大積陰功；若惠及一蟲，亦何非善事。苟日增而月累，自行廣而福崇；慈滿人寰，名通天府。蕩空怨障，多祉萃於今生；培漬善根，餘慶及於他世。儻更助稱佛號，加諷經文，為其回向西方，令彼永離惡道，則存心愈大，植德彌深，道業資之速成，蓮臺生其勝品矣！

又云：

諸放生者，或增福祿，或延壽算，或免急難，或起沉痾，或生天堂，或證道果，隨施獲報，皆有徵據。然，作善致祥，道人之心，豈望報乎！不望報而報自至，因果必然，辭之亦不可得耳，放生者宜知之。

大師鼓勵世人，施救眾生的性命，不會沒有感應的，必定有回報；這些感應的事，有些記載在書中，有些是親眼所見或是親耳所聞。普願世人發慈悲心，遇到被捕的眾生，慷慨解囊救助；若能同時解救多條命，積大功德；即使只是救一命，也是件善事。持續這樣做，日積月累，福德自然廣大，慈悲盈滿人間，善名上達天聽。如此不但能消除怨障，令今生的福祿增長，更能培植善根，來世福報綿延。

更進一步地，若能在放生時助念佛號，或誦讀佛經，回向西方極樂世界，讓牠們永離惡道；這樣的話，發心更廣大、善根更深遠，不但自身能快速成就佛道，而且命終後上品往生極樂。

總之，放生有諸多的功德，諸如消災免難、增福延壽、生天成道等；就算放生者不求果報，但因果不虛，必然會有善果。

大師又云：

若無財者，只發慈悲心，亦是福德。或勸他人放生，或見人放生，讚歎隨喜，增其善念，亦是福德。

佛門亦主張隨喜善行：倘若沒有財物的人，藉由發慈悲心，或是勸他人放生，或是見人放生則隨喜讚歎，也是可以增長善念，亦是累積福德。

大師在〈普勸戒殺放生文〉中亦云：

戒殺之家，善神守護，災橫消除，壽算綿長，子孫賢孝，吉祥種種，難可具陳。

若更隨力放生，加持念佛，不但增崇福德，必當隨願往生，永脫輪迴，入不退地。

大師指點，戒殺之家自然感得善神守護，災難、橫禍消除、壽量綿長、子孫賢孝等，各種吉祥事難以一一詳加陳述。倘若更加隨力放生，並加持念佛，不但能增長福德，將來亦必當隨願往生極樂世界，永脫輪迴，入不退轉地。

《梵網經》中主張戒殺及放生：

若佛子以慈心故，行放生業。一切男子是我父，一切女人是我母，我生生無不從之受生，故六道眾生皆是我父母；而殺而食者，即殺我父母，亦殺我故身。一切地水是我先身，一切火風是我本體；故常行放生，生生受生；常住之法，教人放生。若見世人殺畜生時，應方便救護，解其苦難。

大師便引用《梵網經》「常住之法」云：「以放生為常住法；常住者，金剛身，無量壽也。」使世人藉由放生悟得生生不息之理，而得金剛無量壽之身也。

在大師的大作《雲棲法彙・放生圖說》中，收錄了一首書寫於放生卷後的

〈放生頌〉：

人既重其生，物亦愛其命；放生合天心，放生順佛令。

放生冤結解，放生罪垢淨。放生免三災，放生離九橫。

放生壽命長，放生官祿盛。放生嗣胤昌，放生家門慶。

放生無憂惱，放生少疾病。放生觀音慈，放生普賢行。

放生悟無生，放生生死竟。放生與殺生，果報明如鏡。

大師指出，世間人既重視自己的生命，萬物亦愛惜自己的生命；是故，放生是符合天心、順應佛令的。放生可以令冤結釋解、淨除罪垢；由於放生是救護其他眾生的生命，因此放生者自然感得免除災難，諸如小三災（刀兵災、疾疫災、饑饉災）、大三災（劫火災、劫水災、劫風災）、九種橫死等（《藥師琉璃光如來本願功德經》中提到九種橫死為：一、疾病不得醫藥；二、王法誅戮；三、非人奪精氣；四、火焚；五、水溺；六、惡獸吞食；七、墮山崖；八、毒藥咒詛所中害；九、饑渴所困）。

因放生可淨罪垢，自然可感得無憂惱、少疾病、壽命長、官祿盛、子嗣旺、家門吉慶等；放生的行為，便如同實踐觀音菩薩的慈心以及普賢菩薩的行願。疾病之根由，大多從殺生而來；緣此，長壽之因則大多源自戒殺。所以，大師極力鼓勵世人戒殺及放生，從根本的因果做起，以求免難增福。

同為「明末四大師」之一的憨山大師，亦極力奉勸世人放生，他曾作一首〈放生偈〉，內容與前引之〈放生頌〉頗為相近：

人既愛其壽，物亦愛其命；放生合天心，放生順佛令。
放生免三災，放生離九橫。放生壽命長，放生官祿盛。
放生子孫昌，放生家門慶。放生無憂惱，放生少疾病。
放生解冤結，放生罪垢淨。放生觀音慈，放生普賢行。
放生與殺生，果報明如鏡。放生又念佛，萬修萬人去。

由於憨山大師的力倡，廣東一帶的居民開始茹素與放生。

同樣地，「明末四大師」之一的蕅益大師，亦極力倡導放生，在其《靈峰宗論》中提及：

欲即人心證佛心，轉劫濁成淨土，術莫大於放生。放生一法，唯廣與久。一杯水不救車薪火，唯設人各一杯焉，一杯不已再一杯已；杯水多，車火未有不滅者。今殺運紛紛，並同分惡業招感；非慈悲三昧水，孰能熄之？

蕅益大師鼓勵世人勤加放生，則如同以慈悲三昧水，洗滌惡業；只要眾人皆能放生，自能澆熄業火，轉濁世為淨土。

近代淨土宗祖師印光大師亦云：

戒殺放生者，來世得生於四王天，享無極之福；若兼修淨土者，直可往生於西方極樂國土，其功德實無涯矣。

印光大師明示，戒殺放生者，來世得生於四天王天，享用天福之樂；甚至得以直接往生西方極樂世界，其功德無量無邊。

總之，大師所撰寫〈戒殺文〉和〈放生文〉，言簡意賅，事理兼備，悲心陳述戒殺放生的利弊，盼能喚醒世人慈悲好生的德性。（註二）

著書勸世

明神宗萬曆十二年（一五八四），大師五十歲，編撰《往生集》一書。此書是蒐錄古今念佛往生者的事蹟；往生者包括一些祖師、僧尼、在家居士、國王、宰官、達官貴人、庶民和惡人等，甚至也有動物往生的案例。

全書分為三卷，其第一卷記載沙門往生類；第二卷記載王臣往生類、處士往生類、尼僧往生類、婦女往生類、惡人往生類和畜生往生類；第三卷記載諸聖同歸類及生存感應類。

大師在《往生集》的自序文，提及編印此書的因緣——

從世尊證得正等正覺後，為了適應所有人的根機，由最上乘佛法中分出三乘（聲聞、緣覺、菩薩）法門，再由這三乘中分出淨土法門。如今離佛在世的時間已日漸久遠，淨土法門可說是快速解脫而且有效的法門。然而，仔細探究後發現，古代成功的案例多、現在成功的案例少，問題就在沒有真正生起菩提心和出離心，只是口稱淨土，內心仍脫離不了世間的煩惱習性。

我過去曾花時間閱讀過成功往生西方淨土的傳說故事，並整理成筆記，經年累月就累積成書，書名便訂為《往生集》。書中將各種不同的人往生的因緣與過程摘錄下來，作為考證古今修持淨土者的驗證。

在這本書整理完後，曾經有客前來指教我：「淨土都因一念真心而生，真心之外也無淨土，往生的說法乃是一種比方，主張真的有西方淨土乃是違背無生無滅的佛法宗旨。」

我如是回答：「無生之理，說起來容易；但是，如果一切本自圓滿而無所生，怎會還獨剩一個真心呢？而且，假設有人真的了悟無生之理，往生西方對他又有何妨礙呢？茫茫三界的大苦海中，六道輪迴之艱苦與淨土九品之逍遙可說是雲泥之別。倘若不往生淨土的話，還有什麼地方更值得去呢？況且，如果我們自身的煩惱習氣並沒有滅盡，則輪迴六道的因緣也還沒止息，對我們這些凡夫談論往生的道理，又怎會違背無生的佛法呢？」

來客聽了以後，驚恐而惘然自失，不禁流下眼淚；他莊重地整理衣裳，把整本《往生集》讀完。之後，他就急切地請求將這本書趕快付印，這本書印製的因緣也就在此。

在《往生集》中，大師於部分往生事蹟末尾作了讚譽。例如，大師對淨土宗的初祖慧遠大師，其讚譽是：

晉以前，淨土之旨雖聞於震旦，而弘闡力行、俾家喻戶曉，則自遠師始；故萬代而下，淨業弟子推師為始祖，可謂釋迦再說西方、彌陀現身東土者也。厥功顧不偉歟！

又如，對淨土宗的第二代祖師善導大師，大師之讚譽為：

善導和尚，世傳彌陀化身。觀其自行之精嚴、利生之廣博，萬代而下猶能感發人之信心，脫非彌陀，必觀音普賢之儔也。猗歟大哉！

明、清二代，由於有多位蓮宗祖師的倡弘，淨土宗的道場林立，世人一心念佛，蔚為風氣，影響至今；此外，亦有如《往生集》之《淨土聖賢錄》（註三）

傳世。

大師五十一歲，明神宗萬曆十三年（一五八五），撰寫《緇門崇行錄》。在自序文提到：

今沙門稍才敏，則攻訓詁，業鉛槧如儒生；又上之，則殘摭古德之機緣而逐聲響、捕影跡，為明眼者笑。聽其言也，超佛相之先；稽其行也，落凡庸之後。蓋末法之弊極矣！

大師表示，現今的出家人，稍具聰明才智的人，就專攻訓詁學，也就是用當代語詞來解釋古書中的字義，致力於註解和考據佛經，如同儒家書生一般地研究典籍。聰明才智再高一點的人，就零星地取用古德祖師應機說教的機鋒語來附和自己的看法，只是捕捉祖師的一點皮毛，就強加入自己的觀點；這種不實在的思想，只會受到明眼人的譏笑。這些人講起話來，彷佛比佛陀還要高明；但是，考察他們的行為，卻比平凡庸碌的人還不如。這種末法時期的敗壞現象，實在很糟糕啊！

大師感慨當時的佛門流弊，因而蒐集往昔修行人的德行和涵養，並將其分成十類，即：清素、嚴正、尊師、孝親、忠君、慈物、高尚、遲重、艱苦、感應，每一類各列舉古來高僧的生平事蹟及其風範，編纂成《緇門崇行錄》，做為當代佛門弟子的楷模。

禳災祈福

明神宗萬曆十六年（一五八八）四、五月間，浙江一帶因乾旱不雨，引起瘟疫流行，杭州府城及附近之地，每天有上千人死於瘟疫。杭州太守余良樞召集全州醫生前來搶救病患，仍無法有效地遏制疫癘流行；不但遍地屍體、慘不忍睹，連醫生也一個個病倒，令官府束手無策。於是，有人向太守建議恭請大師主法來禳除災疫。

余太守誠心誠意地齋戒沐浴後上山，向當時五十四歲的大師陳述城內疾疫的種種悲慘苦境，並恭請大師慈悲移駕杭州靈芝寺主法；大師慈悲答應，立刻前往靈芝寺；大眾隨即搭建法壇，恭請大師主法。於是，大師領導雲棲、靈芝兩寺的僧侶及許多善信弟子，進行禳災祛癘的法會。法會期間，就有消息傳至法壇，已有多位死而復甦的病人以及一些病重的人，忽然嘔瀉俱止；不數日，整個杭州府城的疫癘全消，四境哭聲俱息。

范村舊時有一座朱橋（即今大諸橋，據說因宋末元初隱士朱清曾擔柴於橋邊換米度日，故舊稱朱橋），是南北要衝之處，濱臨錢塘江，常年受潮汐衝擊，又經年失修。七、八月正逢大潮汐洶湧而來，朱橋就被潮水衝坍，造成往來的行人極大的困擾。行人經過此處，無橋又無船，只好冒險涉水而過；如果恰逢潮汐澎湃來襲之際，涉水者常發生溺斃的情況。

明神宗萬曆十六年（一五八八年），余太守恭請大師協助修建朱橋的工程。大師向太守提出一個條件，說道：「你希望我號召造橋的工程，請必須答應我的要求。無論貧富貴賤，每人只能布施銀錢八分；希望集合村民大眾的力量，齊心修建橋梁。」太守立刻答應。

大師為何採用八這個數字呢？原因乃是，在八卦中，「坤卦」屬於第八；坤屬土，土能制水，所以是採取「坤土」來制水的含義。

有些人憂慮工程浩大，而布施的銀錢微薄，只是徒勞無功，將無法完成造橋的工程；但大師說：「心力多，則功不朽。」希望能聚集眾人的力量，一齊完成修建橋梁之功。

未久，眾人八分銀的布施即聚資達千兩，便開始招集工匠興建橋基。每當植下一根木樁，大師就念佛百遍。很不可思議的是，在工程期間，潮汐竟然連續好幾天未曾洶湧而至；於是，一座新橋便順利建造成功。

新橋重新啟用時，余良樞太守將新橋改名為萬年橋。在《浙江通志》的〈萬曆杭州府志〉上記載著：「范村南十里，萬年橋舊名上諸橋，萬曆戊子年杭州太守余良樞建。」

大師五十八歲，明神宗萬曆二十年（一五九二），應杭州淨慈寺住持性蓮和尚之請，大師開示《圓覺經》，聽經的人很多。

在杭州淨慈寺弘法期間，大師亦重興戒壇之制，並提倡自誓受戒之法。大師深信因果，悲憫末法眾生，業深垢重，教綱衰滅，戒律鬆弛；大師極力提倡，此時修行，應以戒律為根本，以淨業為指歸。因此，大師整飭清規，在南北戒壇久禁不行的情況下，大師令求戒者具備三衣，於佛前受之，大師為證明。

由於蓮池大師提倡自誓受戒法，這也影響到後來明末蕅益大師受持比丘戒和菩薩戒時，便照著這樣的模式受戒：蕅益大師依止當時已圓寂的蓮池大師為得戒和尚，並在杭州雲棲寺蓮池大師的塔像前，依照四分律戒本和菩薩戒本的儀軌，自己求受比丘戒和菩薩戒。

同年，董其昌（晚明著名的書畫藝術家，官至南京禮部尚書，與邢侗、張瑞圖、米萬鍾合稱晚明四家）為了超薦往生的父母而親手抄寫《金剛經》，並將之供養大師。其字跡工整雋秀，應屬於董其昌較早期的作品。（註四）

湯氏圓頂

大師出家很多年後，一日回到俗家探望親友。大師見到湯氏還在俗家，便問她：「為何尚未出家呢？」並對她說：「無常迅速，不得拖延。」湯氏回答：「只因尚有老母要奉養，等這件事完成後，一定會出家。」湯氏的母親往生後，她果真履行了出家的承諾。

明神宗萬曆二十二年（一五九四），湯氏四十七歲時，禮請西山無門寺性天文理和尚為剃度和尚，在其座前剃度為尼，法名袾錦，人稱太素師。之後，太素師受了具足戒，並精進修持佛法。

整理這段時期大師之經歷，其曾與憨山大師在五臺山小聚數日，暢談佛法，甚為契合。

大師撰寫〈戒殺文〉和〈放生文〉，廣為勸導世人戒殺和放生；並廣造放生池，提倡愛惜物命，在他的慈悲感召之下，世人紛紛在各地興起戒殺放生的風氣。大師苦口婆心勸導世人明信因果，從根本斷除殺業等苦因，並廣造放生等善業。

大師編輯《往生集》，蒐錄了古今念佛往生者的事例；以及編纂《緇門崇行錄》，記錄了古來高僧的生平事蹟及其風範，做為佛門弟子學習的典範。

大師應余良樞太守之請，為杭州百姓禳疫——除去瘟疫的病苦；大師於靈芝寺領眾懇切祈求諸佛菩薩加被，禳除瘟疫；很快地，整個杭州府城的疫癘全都消除。大師又協助余太守修建完成萬年橋，造福百姓。大師應邀至杭州淨慈寺開講《圓覺經》，並重興戒壇之制，提倡自誓受戒之法。這些善行，都是大師慈悲心的體現。

此外，大師俗家妻子湯氏於其母過世後，終於在性天文理和尚座前剃度為尼，圓滿了多年前欲出家的心願；其一生精進修行，足為尼眾的楷模。

【註釋】

註一：憨山大師（西元一五四六年至一六二三年），俗姓蔡，安徽全椒人。字澄印，號憨山，法號德清，謚號「弘覺禪師」。其為臨濟宗門下，復興禪宗，與紫柏真可大師是至交，被尊為是明末四大高僧之一。

十九歲時，憨山大師往棲霞山拜謁雲谷法會禪師領受禪法，讀到《中峰廣錄》時，體會禪中三昧，乃決志參禪，便返回報恩寺出家，受具足戒。一日，大師聽和尚講《華嚴玄談》，至十玄門、海印森羅常住處，恍然了悟法界圓融無盡之旨，因而仰慕華嚴宗清涼澄觀大師，自字「澄印」。隆慶五年（一五七一），憨山大師北遊參學，先至北京聽講《法華》和唯識，並參謁遍融禪師和笑巖禪師，請示禪要。

萬曆二年（一五七四），憨山大師離京行腳，遊嵩山、洛陽，至山西會見妙峰法師，同上五臺山，居北臺之龍門，專事參禪。

萬曆九年（一五八一），慈聖太后派人至五臺山設「祈儲道場」，並修造舍利塔，憨山大師和妙峰法師共建無遮會為道場回向。

萬曆十四年（一五八六），紫柏大師為刻藏一事，到牢山參訪憨山大師，相談甚為契合。

萬曆二十三年（一五九五），神宗不滿皇太后為佛事耗費巨資，恰逢太后派使者送經到牢山，神宗就遷罪於憨山大師；大師從北京返回時便被捕入獄，以私造寺院的罪名，遭流放至雷州（今廣州）。

大師於萬曆二十四年（一五九六）三月到達雷州。當時雷州正值旱荒，饑民死亡人數很多，大師發動群眾掩埋屍骸，並做七天七夜的普濟法會，超度亡靈。自從大師來此教化後，很多人皈依三寶。

萬曆二十八年（一六〇〇），南韶長官祝公請憨山大師入曹溪，時南華寺衰落已久。大師到寺後，開闢祖庭，選僧受戒，設立僧學，訂立清規，一年之間，百廢俱興，禪宗祖庭因而中興。

萬曆三十一年（一六〇三），紫柏大師在京師因《妖書》事，被捕下獄，溘然圓寂；又累及憨山大師，仍被遣還雷州。天啟三年（一六二三）十月，憨山大師示現微疾，向大眾宣布道：「老僧世緣將盡矣！」沐浴焚香，趺坐而逝，世壽七十八歲，僧臘五十九年。憨山大師一生弘揚佛法，重修祖庭、選僧受戒，大振佛教道風。其思想融合禪與華嚴，倡導禪淨無別、三教歸一說。大師著作豐富，主要有《華嚴經綱要》、《楞嚴通議》、《法華通議》、《觀楞伽記》、《肇論略注》、《憨山緒言》、《莊子內篇註》等；弟子彙編成《憨山老人夢遊集》五十五卷及《憨山語錄》二十卷，流傳於後世。

註二：佛教是注重培養慈悲心、主張非暴力的宗教，尤其是大乘佛教，認為一切眾生皆有佛性，無量劫中同為六親眷屬，主張不殺生，進而倡導放生、護生，是尊重一切有情生命的最佳體現。佛門五戒中第一條是殺生戒，比丘戒和菩薩戒都明訂戒殺。

佛教傳到中國，歷代有很多高僧、大德們主張戒殺和放生，充分體現出佛教「無緣大慈，同體大悲」的慈悲精神。

例如，隋朝的智者大師（天台宗第三代祖師），居浙江天台山時，為使臨海居民莫以捕魚殺生為業，曾自捨身衣，並號召信眾樂捐，購買浙江臨海一帶窪地六十多所，延長起來共有四百多里，開鑿放生池進行放生，普勸世人戒殺、放生。

智者大師傳授池中族類「三皈戒」，並為其宣說《金光明經》、《法華經》等，以結法緣，開創天台山放生會之濫觴。智者大師開講《金光明經》，尤其講述〈流水長者子品〉，闡揚慈悲精神，因而感化當地以捕漁、打獵為生的民眾，讓他們不再殺生並且轉業。

大師勸立放生池，乃中國歷史上對「放生池」較早明確出現的記載，尤其以「攔取一段江河禁斷漁獵，並設為放生池區域」的形式，成為中國唐宋時期放生池重要的典型模式。

唐朝中期，受智者大師放生池思想之影響，出現了所謂「鑿制放生池」的雛型，可說是中國歷史上建造放生池最為興盛的年代。唐肅宗乾元二年（七五九），下詔在山南道、劍南道、荊南道、浙江道等地各自設立放生池八十一所，倡導民眾放生。

宋真宗天禧元年（一〇一七），下詔敕令天下重修放生池。宋仁宗天聖三年（一〇二五），天台宗第十七祖四明知禮大師向當時皇帝奏請成立永久西湖放生池，每年佛誕日舉行放生會，集眾一起放魚、鳥等生物，並撰寫放生儀軌。

然而，南宋以後，築設放生池的放生風氣逐漸衰落。至蓮池大師方重新復興「鑿制放生池」的放生模式，一直流傳至現代，例如泉州的承天寺、臺灣的南山放生寺等。

此外，有些很多高僧或大德們長期舉辦放生法會，號召社會大眾共同參與放生，警醒世人應愛護眾生之生命。

但是，有一些做法或觀念則有待改善，以免因不當的放生，造成放生不成，反而成為「放死」。例如，有人將淡水魚放到大海裡，或者將海裡的魚蝦放生於淡水裡，而導致無法存活；或者一時放入過多生物，破壞其生態平衡。總之，放生須用智慧，將牠們放生於合適的地區。

再者，放生原意是救護生物免於被殺害；因此，應該是見到市場或漁港販賣、或是即將被殺害的生物，將之購買並放到合適的生態，而非向商人預定購買若干生物以供放生，如此反而造成刻意捕捉生物的情況。

除了實際購買生物放生，也可以收養或贊助流浪動物的照護，或助印戒殺、護生的書籍，普及愛護眾生生命的知見，協助或督促政府機關制定保護動物的法令等，這些都屬放生的善行。

註三：《淨土聖賢錄》是清朝彭希涑所編輯而成的。彭希涑是彭際清（西元一七四〇至一七九六年）之侄。彭際清的原名為彭紹升，「際清」是其法號；他二十二歲考上進士，不任官。

彭際清年輕時偏好陸九淵和王陽明的心學；後來修學道教不契合，三年無成；又讀憨山、紫柏、蓮池等大師之書，轉信佛教，精讀大乘、小乘經論。之後，他一心信仰淨土宗，主張儒佛一致。並建念佛道場，設立放生會。

彭際清是素服儒風、兼修淨行的學者，他常想整理以往有關修持淨土者的事跡編成一書，但始終沒有作成；乾隆年間，其侄希涑初發信心，願成此錄。他就發凡起例，並指導希涑先稽考經論；其次參佐中國古來的著述，再續以耳目之所及，編輯而成此錄。他亦為此錄寫了序文。

此錄是初編，為傳記體，共九卷。此錄分為十科：〈淨土教主第一〉，闡述此法門之教主阿彌陀佛的事跡；〈闡教聖眾第二〉，說明觀世音菩薩等九位闡揚此法門之聖眾；之後為〈往生比丘第三〉、〈往生比丘尼第四〉、〈往生人王第五〉、〈往生王臣第六〉、〈往生居士第七〉、

〈往生雜流第八〉、〈往生女人第九〉、〈往生物類第十〉則記錄鸚鵡等三物。每傳之末註明所根據的原書出處以為佐證，此外尚有十餘人的口述資料。

清代道光末年，胡珽編輯了乾隆至道光期間，有一百多人往生的案例，名為《淨土聖賢錄續編》。共四卷，分比丘、比丘尼、王臣、居士、雜流、女人、物類等七科，體例仍沿用《淨土聖賢錄》。

之後，德森法師編輯咸豐、同治兩朝期間，有兩百多人往生的案例，名為《淨土聖賢錄三編》。

目前通行的《淨土聖賢錄》，即此三者的合輯。高雄文殊講堂住持慧律法師作了《淨土聖賢錄易解》，以白話文闡釋《淨土聖賢錄》，使人易於通曉其義理。

註四：清朝乾隆皇帝親臨雲棲寺時，於此經的冊頁起首兩頁親筆御題「香光法寶」、「永鎮雲棲」。此本冊頁原是雲棲寺的珍藏品，其上蓋有「雲棲常住法寶」方形印，後來歸靈隱寺保管。

第四章　普勸念佛

若人持律，律是佛制，正好念佛；若人看經，經是佛說，正好念佛；若人參禪，禪是佛心，正好念佛。

大師的〈戒殺文〉和〈放生文〉風行全國。未久，傳到京城，當時的皇帝神宗之母慈聖皇太后，篤信佛教；她看到大師的〈放生文〉後，對其十分景仰，讚歎不已。

太后問法

明神宗萬曆二十八年（一六〇〇），大師六十六歲時，慈聖皇太后派遣使者前往雲棲寺，希望迎請大師到皇宮中接受供養；但是大師稱病，婉拒太后的邀請。

後來，皇太后又派遣使者前往雲棲寺，供養大師紫袈裟和銀兩，並向大師請問法要；大師立刻書寫偈頌，交給使者回覆皇太后的請法。偈頌如下：

尊榮豪貴者，係宿植善因；因勝果必隆，今成大福聚。

深達罪福相，果中更植因；喻如錦上花，重重美無盡。

如是修福已，復應慎觀察；修福不修慧，終非解脫因；福慧二俱修，世出世第一。眾生真慧性，皆以雜念昏；修慧之要門，但一心念佛；念極心清淨，心淨土亦淨。蓮臺最上品，於中而受生；見佛悟無生，究竟成佛道。三界無倫匹，是名大尊貴。

大師指點，享有尊崇、榮耀、豪富、高貴的人，是由於過去種下善因；因地修持善因殊勝，果地必然興隆。所以，這一世能夠成為具足廣大福報的人。

我們應該深深通達罪福的相狀，了解造惡業必定招致痛苦的果報，造善業必會獲得安樂的果報；如果能在享用福報善果時，又繼續種下善因的話，便可如同錦上添花，延續無盡福報。

然而，在不斷修福的同時，還須謹慎觀察：如果偏重修福而沒有修智慧的話，終究不能解脫或成就佛果的因。所以，我們在因地修行須福慧雙修。福德跟智慧兩者並修，是世間與出世間之中最為第一的修持。

眾生都具有真如的本性，此真如本性乃在聖不增、在凡不減。然而，為何眾生的真如本性無法顯現呢？因為眾生常生起妄想雜念。所以，真如本性被妄想、執著等遮蓋住，而無法彰顯出來了。

如何開顯這真如本性呢？乃須修智慧。怎麼修智慧呢？修持智慧最重要的法門，就是一心念佛；如此一來，自然就能顯現本具的智慧。

念佛念到沒有妄想、雜念，自性清淨心就自然開顯出來；自心清淨，所招感的國土則自然清淨；將來往生後，一定是蓮臺最上品。上品上生者，立刻開花見佛，證得無生法忍，很快就能成佛；成佛後，便不受業力所惑而流轉於三界（欲界、色界、無色界），這是最為尊貴的。

簡言之，大師力勸皇太后一心念佛，求生淨土；往生後華開見佛，聽聞佛法悟無生，究竟成就佛果位，真正成為三界中最為尊貴者。

力弘淨土

明朝的朝廷任命「僧錄司」，由僧官掌管佛門的僧教事。僧官必須是僧人才能擔任，依照規定因職稱不同而有其制服。

明太祖將佛教寺院分成「禪、講、教」等三類寺院。「禪寺」指禪門各宗；不立文字，以明心見性為要，地位最高，只有禪僧可以出任僧官。「講寺」係指經義的理解和講述，是義學沙門，專門講說的佛教義理，地位次之。「教寺」則是專門從事消災、祈福、超薦等顯密法事，地位最低。

明太祖推行宗教管理，原本為了整頓元末僧人的流弊，管理寺院及僧人的修行；但是，長時間「禪、講、教」的分離，導致僧人的修持偏重一門，而無法全方位修學。由於明太祖對佛教管理的干涉，限制了僧人對經典的學習，對佛法的修習與推展產生相當程度的影響。

大師出家後，四處遊方參學，親睹當時佛門的流弊。由於當朝重視禪僧，其地位亦最高；因此，出家人大多選擇參禪。但是，這些參禪者，不是為了明心見性而參禪，僅只是固著於「教外別傳、不立文字」的傳統，不看經、不讀論，不真實修學佛法——禪、教、律；參禪只是一個空殼子，虛作表相、乍現威儀，只是徒記一、兩則公案，會幾句佛學專有名詞。出家眾受三衣一缽，就以為浩瀚的佛法全盡於此；修行只是流於形式，佛法只剩一個空殼子。

看到禪門的衰相，大師非常痛心，決心改革。於是，大師極力主張淨土法門，痛斥狂禪。

大師認為，念佛法門乃至簡至易，普攝諸根，仰賴佛力，圓證菩提的無上大法。大師曾說：

一句阿彌陀佛，該羅八教，圓攝五宗，

故知念佛三昧即是一代聖教之根元。

大師因此殷勤地普勸世人念佛、往生淨土，在《了義語》的序文即云：「此了義語者，乃直指一心，究竟顯了之說也。……淨土一門，修念佛三昧，又統攝三根，圓收頓漸；一生取辦，無越此者；從上佛祖，極力開示。」

大師所作的〈普勸念佛往生淨土〉並強調，不論何人、何時，都「正好念佛」：

《彌陀經》言，若人念佛，臨命終時，必生彼國。又《觀經》言，念佛之人，生彼國者，蓮分九品。蓋此念佛法門，不論男女僧俗，不論貴賤賢愚，但一心不亂，隨其功行大小，九品往生。故知世間無有一人不堪念佛。

若人富貴，受用現成，正好念佛；若人貧窮，家小累少，正好念佛。

若人有子，宗祀得托，正好念佛；若人無子，孤身自由，正好念佛。

若人子孝，安受供養，正好念佛；若人子逆，免生恩愛，正好念佛。

若人無病，趁身康健，正好念佛；若人有病，切近無常，正好念佛。
若人年老，光景無多，正好念佛；若人年少，精神清利，正好念佛。
若人處閑，心無事擾，正好念佛；若人處忙，忙裏偷閒，正好念佛。
若人出家，逍遙物外，正好念佛；若人在家，知是火宅，正好念佛。
若人聰明，通曉淨土，正好念佛；若人愚魯，別無所能，正好念佛。
若人持律，律是佛制，正好念佛；若人看經，經是佛說，正好念佛。
若人參禪，禪是佛心，正好念佛；若人悟道，悟須佛證，正好念佛。
普勸諸人，火急念佛；九品往生，華開見佛。
見佛聞法，究竟成佛。始知自心，本來是佛。

大師普勸世人念佛，不論是男女、老少、僧俗、貴賤、賢愚、持戒、參禪或誦經等，任何人皆能念佛。若是很有空閒者，可以花多一點時間念佛，每日念幾千聲，乃至幾萬聲；半空閒者，則忙時治事，閒時念佛，每日念幾百聲，乃至幾千聲：很忙的人也要忙裡偷閒念佛，每日晨早十念，乃至日間或念幾百聲。如是至心念佛，來世則能往生淨土；華開見佛，見佛聞法，乃至究竟成佛。

大師在〈示在家二眾〉一文中，勸導家屬親眷，只管純一念佛，將來往生極樂淨土，永離諸苦：

人生母子、夫妻、一家眷屬，俱是宿世虛緣；暫時會聚，終必別離，不足悲苦。可悲可苦者，乃是空過一生，不念佛耳。今但萬緣放下，迴光返照念佛，即是一生要緊大事，更無多語，此外只管純一念佛。

其念佛，要字字心上照過，歷歷分明，時刻切心，不容些須妄想雜念。早晚禮佛時，懇苦發願求生淨土。如此捱到臨命終時，自然正念現前，往生阿彌陀佛極樂淨土，蓮華化生，永離諸苦。

大師在〈在家學佛之道〉一文中，亦提及「萬般唯有念佛好」：

夫學佛者，無論莊嚴形跡，止貴真實修行；在家居士，不必定要緇衣道巾。帶髮之人，自可常念佛，不必定要敲魚擊鼓。

好靜之人，自可寂默念佛，不必定要成群作會。
怕事之人，自可閉門念佛，不必定要入寺聽經。
識字之人，自可依教念佛。
千里燒香，不如安坐家堂念佛。
供奉邪師，不如孝順父母念佛。
廣交魔友，不如獨身清淨念佛。
寄庫來生，不如現在作福念佛。
許願保禳，不如悔過自新念佛。
習學外道文書，不如一字不識念佛。
無知妄談禪理，不如老實持戒念佛。
希求妖鬼靈通，不如正信因果念佛。
以要言之，端心滅惡，如是念佛號曰善人；
攝心除散，如是念佛號曰賢人；悟心斷惑，如是念佛號曰聖人。

大師在〈念佛不專一〉一文中，語重心長地說道：

> 予昔在鍊磨場中，時方丈謂眾云：「中元日當作盂蘭盆齋。」予以為設供也。俄而無設，唯念佛三日而已。又聞昔有院主為官司所勾攝，堂中第一座集眾救護，眾以為持誦也，亦高聲念佛而已。此二事，迥出常情，有大人作略，真可師法。
>
> 彼今之念佛者，名為專修，至於禱壽命則《藥師經》，解罪愆則《梁皇懺》，濟厄難則〈消災咒〉，求智慧則〈觀音文〉，向所念佛，束之高閣，若無補於事者。不思彼佛壽命無量，況百年壽命乎？不思念彼佛能滅八十億劫生死重罪，況目前罪垢厄難乎？不思彼佛言：「我以智慧光，廣照無央界。」況時人所稱智慧乎？阿伽陀藥，萬病總持；二三其心，莫肯信服。神聖工巧，獨且奈之何哉！

大師在此先以其經驗指導眾人。他以前在某間念佛堂，有一天聽到該寺住持對大眾說：「農曆七月十五日中元節那天，將舉行盂蘭盆法會。」原以為屆時會廣設齋食、供養三寶；然而，到了中元節，並沒有設齋供眾，只是領眾念佛三天而已。

又聽說以前某間寺院的住持遭官府拘捕，寺裡的首座為了救護住持免於危難，因而集合信眾；大眾以為會舉行誦經持咒等消災法事，卻也只是領眾高聲念佛而已。

這兩件事可以說是超出一般人所以為的情理；這兩位主事者，有著遠大的志節及風範，值得我們效法。

而現今的念佛人，名為專修淨土。但是，當一般信眾想要祈求增壽時，則誦《藥師經》；為了免除罪過，乃拜《梁皇寶懺》；為了消災解難，則持〈消災咒〉；為了求大智慧，就念〈觀音文〉，把平常所念的佛號置之不理，以為念佛無濟於事。

然而，《阿彌陀經》云：「彼佛壽命及其人民，無量無邊阿僧祇劫，故名阿彌陀。」亦即當我們念佛求生極樂淨土，便能得無量的壽命，何況僅是人間百年的壽命，有何不能延長的呢？

《觀無量壽佛經》提到：「如是至心令聲不絕，具足十念稱南無阿彌陀佛，稱佛名故，於念念中，除八十億劫生死之罪。」一句佛號便能除八十億劫生死的重罪，何況眼前的罪垢和禍難，有何不能消除呢？

又《無量壽經》云：「我以智慧光，廣照無央界。」我們念佛的當下，阿彌陀佛以遍照十方的智慧光明加持我們，怎麼會無法得到智慧？更何況只是世間人所說的聰明才智呢？

一句佛號，如阿伽陀藥（Agada，意為不死藥），能醫治一切疾病；但如果三心兩意、不肯信服的人，縱使有醫術高明的醫生，也是無可奈何啊！

在〈念佛〉一文中，大師闡釋念佛的「念」，乃是發自內心，思佛、憶佛，而不忘失所緣境——佛，自然容易趨近佛陀，與之感應道交：

世人稍利根，便輕視念佛，謂是愚夫愚婦勾當。彼徒見愚夫愚婦口誦佛名，心遊千里，而不知此等是名「讀佛」，非「念佛」也。

「念」從心，心思憶而不忘，故名曰「念」。試以儒喻：儒者念念思憶孔子，其去孔子不亦庶幾乎？今念念思憶五欲，不以為非，而反以念佛為非。噫！似此一生空過，何如作愚夫愚婦耶？而惜乎智可能也，愚不可能也。

大師看到當時民間的普遍現象，一般世間人稍具聰明才智者，便輕視念佛，以為念佛是愚夫愚婦的事。他們只看見一般信眾口誦佛名時心不在焉，卻不知這樣的口誦只能稱為「讀佛」，不能算是「念佛」。

真正的念佛，必須是念從心起，心裡不間斷地思佛、憶佛，使之不忘，這才叫做「念」。試以學儒的人作比喻：儒家學者，若是念念思憶孔子的言語、德行；久而久之，他的思想、言行便會與孔子越來越相近。

現在的人念念思憶世間的五欲，不認為這是錯的，反而批評念佛的不是。唉！像這樣空過一生，還不如學跟一般信眾一起念佛。可惜，有智慧的人才願意念佛，沒有智慧的人是不可能念佛的。

大師還教導眾人念佛的方式。在〈警眾〉一文中，大師闡釋念佛的方法，有默持、高聲持、金剛持等三種，可以交替使用：

念佛有默持、有高聲持、有金剛持。然高聲覺太費力，默念又易昏沉，只是綿綿密密，聲在於唇齒之間，乃謂金剛持；又不可執定，或覺費力，則不妨默持；或覺昏沉，則不妨高聲。

如今念佛者，只是手打魚子，隨口叫喊，所以不得利益。必須句句出口入耳，聲聲喚醒自心；譬如一人濃睡，一人喚云某人，則彼即醒矣。所以念佛最能攝心。

大師認為，念佛是最能攝心的。在念佛時，不須執著一定用何種方式。若是覺得費力時，不妨改成默念；倘若發覺昏沉或想睡覺時，就改成大聲念佛。一般人念佛時，若只是用手打著木魚，隨意而念，則無法得到念佛的利益。因此，念佛時，每一句佛號須從嘴巴念出，從耳朵聽進去，聲聲喚醒自心；亦即念佛須做到「三到」：口念、耳聽、心想，也就是念從心起、聲從口出、音從耳入。如此念佛，最能攝心。

華嚴宗第四代祖師澄觀大師（清涼國師）（註一）造了《大方廣佛華嚴經疏》與《大方廣佛華嚴經隨疏演義鈔》（二者合刻，簡稱《華嚴經疏鈔》。「疏」是提綱，「鈔」是解釋「疏」的義理）來註解《華嚴經》，以展現華嚴法界緣起、重重無盡之義理。

如同澄觀大師般，蓮池大師撰寫了《佛說阿彌陀經疏鈔》，清楚地詮釋《佛說阿彌陀經》的奧義，發揮淨土宗之精深教誨。

大師所著的《佛說阿彌陀經疏鈔》，全文逾十萬字；主要是以華嚴宗的義理，融通天台宗、禪宗、律宗及諸子百家等思想，體現出理事相融，詳盡地詮釋出《佛說阿彌陀經》的妙義。

蕅益大師讚譽《佛說阿彌陀經疏鈔》具有「廣大精微」的特性，亦即此疏鈔廣博浩大、精妙入微。所謂「廣大」，乃是蓮池大師主要以《華嚴經》的十玄門來註解《佛說阿彌陀經》；至於「精微」，係淨土之修持仍再回歸到心性上。

之後，大師的弟子古德法師造了《佛說阿彌陀經疏鈔演義》來解釋大師所作的《佛說阿彌陀經疏鈔》。

關於《佛說阿彌陀經疏鈔》的淨土特色，正如聖嚴法師所說，本書是以《大乘起信論》的真如一心、及《華嚴經》的清淨唯心，作為「一心不亂」說之思想的基盤；並以《文殊般若經》的一行三昧，作為修行持名念佛的有力旁證。

一般而言，佛陀說法都有菩薩或聲聞弟子請法。但《佛說阿彌陀經》是佛陀「無問自說」的一部經，全經乃以佛陀對著長老舍利弗「自問自答」的方式，宣揚阿彌陀佛及極樂世界的殊勝。祖師認為，由於《佛說阿彌陀經》太深奧，沒有眾生知曉可以請此法；而佛陀應眾生機緣成熟，可以接受該法的教化，因而「無問自說」。（註二）

近代著稱的佛教耆宿李炳南老居士（一八九一至一九八六），號雪廬，法號德明，山東濟南人，曾任大成至聖先師奉祀官府主任祕書，也是有名的中醫師。他與廣欽法師、煮雲法師被認為是引領臺灣淨土宗興起、成為臺灣佛教主流的最主要三位推手之一。他創辦臺中市佛教蓮社，對於中臺灣佛教界有著重大的影響力。在其撰著的《佛說阿彌陀經義蘊》中，提及佛陀自說《阿彌陀經》，具有四層意趣：

> 淨土法門，義理深微，惟佛與佛，乃能究盡；眾人不解，遂不置信，心存不信，便不啟請開演。世尊慈愍眾生不能出要，乃以徹底悲心不問自說。既肯自說，必求契機之人；諸比丘中，惟舍利弗智慧第一，故直呼而說之。而舍利弗並無一語問答，似初聞之際，亦未能深信其事也。

李老居士指出，佛陀「不問自說」淨土法門，須找應機之人開示；而此應機者，首先便找上「智慧第一」的舍利弗；然而，舍利弗雖是聲聞乘中智慧第一，對於此淨土法門，「亦未能深信其事」。由此可見此法門「惟佛與佛，乃能究盡」。

至於阿彌陀佛的發願及成佛因緣，則於多部經中有不同的敘述。

在《佛說無量壽經》中敘述，阿彌陀佛的前身曾是一位國王，親近當時住世的世自在王如來，聆聽如來的開示後，法喜充滿，便捨棄王位，出家修行，法號為法藏比丘。

一日，法藏比丘到世自在王如來前，頂禮、繞佛三帀（圈）後，合掌跪在佛前，以偈頌讚頌如來，並請求佛為他廣演諸佛清淨莊嚴無量妙土。如來慈悲為他廣說二百一十億諸佛剎土、以及其天人之善惡與國土的粗妙，應其心願，悉現與之。

法藏比丘親見諸佛剎土後，花了五劫的時間潛心思惟，攝取諸佛莊嚴妙土清淨之行；並將二百一十億諸佛剎土的精華，轉化為四十八願，並於世自在王佛前發願。當時大地六種震動，天雨妙華散於其上，自然音樂空中讚言：「決定必成無上正覺。」之後，法藏比丘經無數劫的修行，願行圓滿，入於佛位，佛號為阿彌陀（梵語 amitā，意為無量光、無量壽）。

阿彌陀佛成佛至今，已有十劫；而其清淨的剎土，距離此處，往西方過十萬億佛土，名為極樂世界。

依據《悲華經．卷二》記載，久遠過去之世界有轉輪聖王名無諍念，此王有千子。王有一位大臣名寶海；寶海梵志有一子出家成佛，即寶藏如來，先後度王及其千子。此世界即刪提嵐（梵名 Sandilya），寶海梵志即釋迦牟尼佛的前身，無諍念王即阿彌陀佛的前身，千子即是觀音菩薩、勢至菩薩、文殊菩薩、普賢菩薩、阿閦如來等的前身。

當時，無諍念轉輪聖王與大臣寶海梵志一同親近寶藏如來；寶海梵志勸勉無諍念轉輪聖王發菩提心，進而思惟、發願攝取清淨剎土成佛；其一千位王子亦各自發願，求證無上菩提。寶藏如來便為他們分別授記，其中之一為：西方過百千萬億佛土，將有世界名曰安樂，無諍念王當作佛，佛號為「無量壽如來」，其國土名叫「安樂世界」；亦分別為千子授記。

根據《法華經．卷三．化城喻品》中記載，大通智勝（梵名 Mahābhijñā-jñānābhibhū）如來，又名大通眾慧如來、大通慧如來；其佛國名「好成」，劫名「大相」。此佛出現於過去無量無邊不可思議阿僧祇劫，其未出家前有十六王子。於父王成道後，十六王子及諸梵天王勸請其為眾生說法；大通智勝如來接受他們的勸請，為大眾宣說苦、集、滅、道四聖諦；並廣說十二因緣法，先說造集諸業輪轉生死的「流轉門」，再說修行佛道證大涅槃的「還滅門」。

聞法後，十六位王子都出家（成為沙彌）求道，求受無上菩提的妙法——《妙法蓮華經》，而且信受奉行；爾後，大通智勝如來入定八萬四千劫中，諸王子沙彌亦各昇法座廣說此經，一一皆度化六百萬億那由他恆河沙等眾生，皆得阿耨多羅三藐三菩提，於十方國土現身說法，無量百千萬億菩薩、聲聞為其眷屬。諸王子中之第九位王子，即是阿彌陀佛的前身；第十六位小王子，即為釋迦如來的前身。

此外，圓瑛法師（一八七八至一九五三）於《阿彌陀經要解講義》中提到阿彌陀佛的前身包括：

《大乘四等總持經》云：無垢燄稱起王如來時，有淨命比丘，總持諸經，十四億部；隨眾生願樂，廣為說法。今阿彌陀，即淨命比丘所成之佛也。

《賢劫經》云：雲雷吼如來時，有王子名淨福報眾音，供養彼佛；發菩提心，上求下化。今阿彌陀，即淨福報眾音所成之佛也。

《賢劫經》又云：金龍決光佛時，有法師名無限寶音行，力弘經法。今阿彌陀，即彼法師所成之佛也。

《觀佛三昧第九經》云：空王佛時，有四比丘，煩惱覆心；空中教令觀佛，遂得念佛三昧。今阿彌陀，即彼第三比丘所成之佛也。

《佛說如幻三摩地無量印法門經》（又名《無量印法門經》）云：師子遊戲金光如來時，有國王名勝威尊重，供養彼佛，修禪定行。今阿彌陀，即彼國王所成之佛也。

阿彌陀因地修行多劫，因應無量，不能枚舉。

以上，簡述了經論中關於阿彌陀佛前身的典故。由於阿彌陀佛因地累劫修行，化作各種身形，利益教化眾生，不勝枚舉。倘若我們能夠深究《佛說無量壽經》的義理，瞭解阿彌陀佛的四十八個悲願，可以增強我們對阿彌陀佛的信心及往生極樂世界的願力。

有關念佛的利益，唐末五代永明延壽大師（淨土宗第六代祖師）在《萬善同歸集》中總結了念佛的十種功德：

一、晝夜常得諸天大力神將並諸眷屬隱形守護。

二、常得二十五大菩薩如觀世音等，及一切菩薩，常隨守護。

三、常為諸佛晝夜護念，阿彌陀佛常放光明攝受此人。

四、一切餓鬼，若夜叉、羅剎，皆不能害；一切毒蛇、毒龍、毒藥，悉不能害。

五、一切火難、水難、冤賊、刀箭、牢獄、杻枷、橫死、枉死，悉皆不受。

六、先所作罪，皆悉消滅；所殺冤命，彼蒙解脫，更無執對。

七、夜夢正直，或復夢見阿彌陀佛勝妙色身。

八、心常歡喜，顏色光澤，氣力充盛，所作吉利。

九、常為一切世間人民恭敬、供養、禮拜，猶如敬佛。

十、命終之時，心無怖畏，正念現前，得見阿彌陀佛，並諸菩薩聖眾，手持金臺，接引往生西方淨土，盡未來際，受勝妙樂。

大師除了力倡念佛法門外，亦廣興放生池，時常教人放生，令世人了悟生生不息之理，將來能得金剛無量壽之身。

除了前述的〈戒殺文〉及〈放生文〉，明神宗萬曆二十八年（一六〇〇），大師六十六歲，又撰寫了〈北門長壽庵放生池記〉與〈重修上方寺鑿放生池記〉等文，主張儒道釋三家皆重視「生」，並力陳殺生的過患與放生的功德：

佛示三福云，慈心不殺而五福於箕疇，亦壽為其最。瀕殺而重壽之，福孰加焉？

天地之大德曰生，舜之德曰好生，德一而已。上清下寧，侯王所以配兩間之久長，貞萬物之壽命者，恆於斯德，孰加焉？

儒道釋三聖人之偉蹟鼎峙，夫三方若環拱然，而園介乎其中，是曲阜之仁里

（指孔子故居），摩竭〔詰〕（意指維摩詰居士）之慈室，西華（道士成玄英又稱西華法師）長生葆真之靈宅，天合而冥鄰也。豈偶然之故歟！夫救生之滅也，而有生求其生，而未嘗生也；而無生，無生然後無不生。則生滅，一生滅一則福興。於無相悲濟於無緣，福不可得，悲不可得，一亦不可得。唯法性常住，不斷不續，同於虛空。彼《梵網》以放生為常住法；常住者，金剛身，無量壽也。

大師亦書寫碑文，置於上方寺的放生池畔，作頌曰：

始舉為興滅，而兼得放生。豈唯滅不滅，生亦無生相；生滅俱滅已，寂滅何有方。以明超於方，無方中說上；無方說西方，其意亦如是。作寺作池人，願共了斯旨。

之後，大師的弟子吳應賓進士也撰寫了〈杭州上方寺放生池碑記〉，讚揚大師廣興放生池，福利眾生。

編撰《禪關策進》

萬曆二十八年，大師還編輯了《禪關策進》一書。《禪關策進》收錄於《卍續藏經．卷一一四》，分為前後兩集，前集分兩門：〈諸祖法語節要〉及〈諸祖苦功節要〉；後集只有一門，即〈諸經引證節略〉。

在〈諸祖法語節要〉中，收錄有黃檗希運、趙州從諗、玄沙師備、鵝湖大義等歷代禪宗祖師大德之開示，共三十九篇；在〈諸祖苦功節要〉中，敘述懸崖坐樹、草食木棲、引錐自刺、晚必涕泣、圓枕警睡、誓不展被等諸祖之事蹟，共二十四篇；在〈諸經引證節略〉中，摘錄《大般若經》、《華嚴經》、《楞嚴經》、《阿彌陀經》、《寶積經》、《四十二章經》、《遺教經》、《阿含經》、《永嘉集》等經論法句，共四十七節。

在《禪關策進》的自序文中，大師云：

禪曷為有關乎？道無內外、無出入，而人之為道，也有迷悟。於是大知識關吏，不得不時其啟閉，慎其鎖鑰，嚴其勘覈，俾異言服私越度者，無所售其奸。

而關之不易透，亦已久矣。予初出家，得一帙於坊間，曰《禪門佛祖綱目》；中所載多古尊宿自敘其參學時，始之難入，中之做工夫，經歷勞苦次第，與終之廓爾神悟。心愛之、慕之，願學焉。既而此書於他處更不再見！乃續閱《五燈》諸語錄雜傳，無論緇素，但實參實悟者，併入前帙，刪繁取要，彙之成編，易名曰《禪關策進》。居則置案，行則攜囊，一覽之則心志激勵，神采煥發，勢自鞭逼前進。

或曰：「是編也，為未過關者設也；已過關者長往矣，將安用之？」雖然，關之外有重關焉。託偽於雞聲，暫離於虎口，得少為足，是為增上慢人。水未窮、山未盡，警策在手，疾驅而長馳，破最後之幽關而作罷參齋，未晚也。

大師提問並自答：參禪有障礙或關卡嗎？至道沒有所謂的內外，也就沒有出入；而參學人修道時，對至道不一定能體驗或認知，因此便有迷悟之別。唯有大善知識關吏，才能勘驗、辨別參學人是否真正證悟。

大師閱讀《禪門佛祖綱目》，了知禪門祖師從最初難入、中間做工夫、歷經辛苦的諸般階段、乃至於最終豁然神悟的過程，內心深感喜愛和欣慕。大師為鼓勵自己及參學者發心學習，便參閱《五燈》等禪門語錄，將歷代實參實悟者的事蹟及開示，加以蒐集、整合，併入《禪門佛祖綱目》裡，刪繁擇要，彙編成書，改名為《禪關策進》。有些典故的最末，大師加入自己的觀點，即所謂「雲棲評曰」。此書提供參禪者很好的指引。

湯傷警策

大師六十七歲時，為明神宗萬曆二十九年（一六〇一）。正月初十這一天，大師依律制每半月洗浴一次。入浴時，不慎跌入滾燙的熱水中，從腳後跟到大腿都被燙傷；之後，又因調養治療不周全，經過二個多月才痊癒。

燙傷治療期間，身體受盡了各種的苦痛。在受苦期間，大師常自我反省，才發覺到自己平常犯了不少過失、錯誤，因此生起大慚愧、並發菩提心。

大師想起，平常身體沒有病痛時，能隨意地行走坐臥、睡覺起床、飲食、談笑等；從來沒有感覺到，能這樣隨意的生活，竟然是人天中的大福報。

大師自忖，以前身處安樂時，從未曾想到六道眾生的苦痛；在自己享受著安樂時，地獄裡的眾生，卻正受著刀砍、火燒、杵臼搗碎、碾磨等折磨，不知經歷了多少的痛苦啊！餓鬼道的眾生，正受著飲銅漿、食血污物等折磨，不知經歷了多少的痛苦啊！畜生道的眾生，如牛馬之類，則正受著啣鐵負鞍的勞苦；豬羊之屬，則正遭受刀割鼎烹之痛等折磨，不知經歷了多少的痛苦啊！即使投胎做人，也有饑寒逼迫、服役疲勞、疾病纏身、眷屬離別、犯罪遭刑罰、被監禁在牢獄、遭徵收賦稅而生活困乏、水溺火焚而死、被毒蛇或老虎咬死、含冤屈而死等折磨，人世間的痛苦也不知有多少啊！

大師對自己沒有想到要救拔苦痛眾生而頗感自責。他下定決心，自今以後，只要自己得到片刻的安樂，就要想到六道中受苦受難的眾生急待超拔；自己應當攝心正意，願能早成道果，廣度眾生，使一切眾生同生淨土，得不退轉。

大師進一步思維：佛說「人命在呼吸間」，自己平時也常用這句話來警醒策勵大眾，但實際上自己卻不曾親身經歷過；直到自己入浴時遭受熱水燙傷，才完全體驗到此言真實不虛。當大師剛入浴時，只覺得身心安舒通暢，非常舒適；突然，一不小心踏入滾燙的熱鍋中，差一點就被燙死了！大師認為，自己能夠被救活，算是萬幸，實在是龍天護法救了自己；從時間上來看，雖只是一瞬間，然而死與生就在這一關鍵時刻。大師認為，自己當時所處的情況，確實如同「人命在呼吸間」啊！

大師因此深感，身為出家人，平時以佛陀的教誨勸誡他人，往往都很急切；而用來警惕自己的時候，就不用心注意了，這是一般出家人常犯的毛病。

經過這件事，大師自己覺得感到非常慚愧、惶恐，日後將盡全力收斂、約束自己的身心。

大師又說，平日談論到生病時要如何用功辦道，知道應當學習畢陵伽婆蹉（Pilinda-vatsa，意為「餘習」）那般「純覺遺身」（註三）的忘我境界；也知道當學馬祖道一禪師那樣「有不病者」的超然物外工夫；也知道當學永嘉大師那種「縱遇風刀常坦坦，假饒毒藥也閒閒」的從容態度；也知道當學僧肇大師那樣「四大本空，五蘊非有」（註四）的無我精神。

直到大師失足落入滾燙的熱水中，把以上諸前賢的各種方法拿來從頭勘驗：痛覺分明在身，誰是遺身者？我現在正受病痛的煎熬，誰是不病者？身上燙傷的地方，猶如鋒刀和毒藥在刺痛肌膚，痛苦難當，誰是坦坦、閒閒者？此時的四大五蘊實實在在便是我的身體；也是因有這個身體，才使我受這種種苦楚，誰是本空、非有者？此時，大師方瞭解到，自己平時所謂的「慧觀」，若是沒有經過實證，當境界來臨時，完全無濟於事。

假如沒有高深的定力，當備受痛苦難忍時，恐怕只能勉力承受乃至於等死！那些沒有真實修證的人，只是口頭禪般地談論「三昧」，這是自己欺騙自己而已。所以，修行的人，應當在真實修證處精勤努力。

大師又想到，以前看見酒店或餐館的人，把活生生的鱉、鱔、蝦、蟹等這類生物放入鍋中，並以滾燙的熱水烹煮牠們，大師會勸告這些人：「這些眾生因為力量敵不過你們，又身形弱小，無法出聲呼救！如果牠們的力量能敵得過你們，就會像虎豹一樣吃了你們；如果牠們能出聲呼救，則牠們發出悲痛淒慘的冤叫聲，一定能震動大千世界。你們即使能逃得了現世報，在千萬劫中，這些眾生也不會放過你們！如果你們不相信的話，不妨試著將自己的一隻手臂放入沸水中片刻，就知道是什麼樣的感覺了。」沒想到，承受這果報的人竟然是自己！

所以，大師就作如此思量：這輩子從小到大，雖然沒有造過殺業；但是，無量劫以來，既未得宿命通，怎知過去生中沒有造過殺業？因此，他不怨天尤人，甘心忍受燙傷之苦，並且要更加精進用功地修習更高的境界。

大師將燙傷的反省與體悟寫成了四則短文〈湯厄〉，用來自我警惕。大師由自身洗浴燙傷反省到：人命確實是在呼吸間，稍縱即逝；佛陀的教誨須善用約束自己的身心，而非勸導他人。佛法是須真修實證的，得確實在菩提心和空性慧觀下功夫。從自己燙傷的苦，緣念到其他眾生的苦；只要自己得到片刻的安樂，就想到六道中受苦難的眾生急待超拔。自己應當攝心正意，願能早成道果，廣度眾生，使一切眾生同生淨土，得不退轉。假如不這樣發心，稍自放逸，對上如何報答佛恩、對下如何報答信眾的布施呢？

大師經常這樣反省與警策自己，實是後世佛弟子的榜樣。

這段期間，大師又寫了〈傷足自規〉四條，警惕自己隨時保持正念：

一、自今已往，得一時筋骨輕安，行坐隨意，即當思及六道眾生苦惱，一心正念。

二、自今已往，雖有人惡罵加我者、非言謗我者，乃至批我頰者、唾我面者，悉順受之，一心正念。

三、自今已往，雖有人忘恩背去者、恩反仇報者，悉順受之，一心正念。

四、自今已往，雖有使令不如命者、承值不如法者，或以正語，或以巽語（委婉的話語），隨宜而施，不可則已，勿起瞋恚，一心正念。

大師一生中曾經生過三次大病，都差點往生；每次生病，大師的心中就多生起一分悔悟之念，並從悔悟中更增進修行的信心。

大師指出，世人都認為生病是痛苦的，古大德卻說：「病是眾生的良藥。」藥本來是用來治病的，怎麼反說以病為藥呢？因為，我們這個有形的身體，生、老、病、死是自然的定律，不可能不生病；可是，當人們無病的時候，總是沉迷在嬉戲歡樂中放逸地過日子，有誰能覺悟而生警惕心呢？

古大德也說：「帶三分病，好修行。」只有當病苦逼身的時候，才知道四大假合的身體原來是這般危脆不實，人的生命是如此短暫無常；這時，心中只要生起一念悔悟的念頭，也就可作為修行道上的助緣。正因為大師自己有切身體會，所以大師深信「病是眾生之良藥」是至理名言。

撰〈西方發願文〉

明神宗萬曆三十一年（一六〇三），大師六十九歲，撰寫了膾炙人口的〈西方發願文〉，全文如下：

稽首西方安樂國，接引眾生大導師。

我今發願願往生，唯願慈悲哀攝受。

弟子某甲眾等，普為四恩三有，法界眾生，求於諸佛一乘無上菩提道故，專心持念阿彌陀佛萬德洪名，期生淨土。又以業重福輕，障深慧淺，染心易熾，淨德難成，今於佛前，翹勤五體，披瀝一心，投誠懺悔。我及眾生，曠劫至今，迷本淨心，縱貪瞋癡，染穢三業，無量無邊，所作罪垢，無量無邊，所結冤業，願悉消滅。從於今日，立深誓願，遠離惡法，誓不更造，勤修聖道，誓不退惰，誓成正覺，誓度眾生。阿彌陀佛以慈悲願力，當證知我，當哀憫我，當加被我。

願禪觀之中，夢寐之際，得見阿彌陀佛金色之身，得歷阿彌陀佛寶嚴之土，得蒙阿彌陀佛甘露灌頂，光明照身，手摩我頭，衣覆我體，使我宿障自除，善根增長；疾空煩惱，頓破無明；圓覺妙心，廓然開悟，寂光真境，常得現前。至於臨欲命終，預知時至，身無一切病苦厄難，心無一切貪戀迷惑，諸根悅豫，正念分明，捨報安詳，如入禪定。阿彌陀佛與觀音、勢至諸聖賢眾，放光接引，垂手提攜；樓閣幢旛，異香天樂，西方聖境，昭示目前。令諸眾生，見者聞者，歡喜感歎，發菩提心。我於爾時，乘金剛臺，隨從佛後，於彈指頃，生極樂國；七寶池內，勝蓮華中，華開見佛，見諸菩薩，聞妙法音，獲無生忍。於須臾間，承事諸佛，親蒙授記。得授記已，三身四智、五眼六通、無量百千陀羅尼門、一切功德，皆悉成就。然後不違安養，回入娑婆，分身無數，遍十方剎，以不可思議自在神力，種種方便，度脫眾生；咸令離染，還得淨心，同生西方，入不退地。如是大願，世界無盡，眾生無盡，業及煩惱一切無盡，我願無盡。願今禮佛發願，修持功德，回施有情，四恩總報，三有齊資，法界眾生，同圓種智。

淨土宗第十一代祖師清代省庵大師（一六八六至一七三四），曾為〈西方發願文〉作了註解，並認為〈西方發願文〉之義理最為周圓。省庵大師將此篇願文分為六大章節：一、發菩提心；二、懺悔業障；三、四弘誓願；四、求生淨土；五、回入娑婆；六、總結迴向，完整地詮釋淨業行者須具備的發願。

淨土宗第十三代祖師印光大師亦云：「此願文（〈西方發願文〉）事理周到，了無一義一法之滲漏。」又云：「此文詞理周到，為古今冠。」意謂這篇發願文的文詞、義理，皆完備周到、毫無遺漏，是古今最好的發願文。

印祖認為，修淨業者發願求生西方淨土，極其重要，並指點如何發願：

回向發願心，謂以己念佛功德，回向法界一切眾生，悉皆往生西方淨土；若有此心，功德無量。若只為己一人念，則心量狹小，功德亦狹小矣。譬如一燈，只一燈之明；若肯轉燃，則百千萬億無量無數燈，其明蓋不可喻矣，而本燈固無所損也。世人不知此義，故只知自私自利，不願人得其益。

倘若行者不知如何發願的話，則可依大師的〈西方發願文〉，至心恭誦，隨文作觀，便能達到圓滿發願。

孝義庵因緣

大師七十二歲，值明神宗萬曆三十四年（一六〇六）。五十九歲的太素師，於出家十二年後，親自上山求見大師，請求大師參加孝義庵的落成大典，並請大師為孝義庵訂定規約。大師慈悲答應，並為孝義庵訂立二十九條規約，囑咐太素師及庵內尼師，切記切記「痛思生死，一心念佛求生淨土。」

孝義庵規約內容如下——

一、大門時時關閉。無要緊事勿開；門裡問，答可也。不依，罰銀三分。

二、圓光門時時上鎖。客至，擊板三聲，請坐少頃，待主人出。主內，客外，圓光相見。女客以正事欲進者方開，餘係緊要正事方開。不依，亂放人進者，罰銀一錢。

三、後門除出淨外，無事不可開；亂開，罰銀五分。

四、凡用度要減省，不可豐盛，待客亦然。茶過四品，飯過四品，齋過五品者。每品罰銀三分。

五、非理募化者，一罰十。

六、正月半、二月十九、四月八、七月半、臘月八等，緊緊閉門，不可做會。不依，罰銀五錢。

七、方僧化緣，一律卻之。

八、遠方尼僧不相熟者，無得留進圓光門；不依，罰銀三錢。

九、列經桌四張。每日誦經一卷，三時念佛，叫名不至，罰銀二分。

十、每半月誦十重八輕戒一遍；不至，罰銀三分。
十一、置籤筒叫名，早晚禮誦；不至，罰銀一分。
十二、無事出外間行，罰銀一錢。
十三、侵剋信施者，一罰十。
十四、二人同行，方可人家宿；獨身宿者，罰銀五錢。
十五、普陀天台等遠遊，及湖船聚集婦女處入會，罰銀五錢。
十六、彼此鬥爭者，各先罰銀三分，後辯曲直。
十七、故留遠方尼僧住者，罰銀五錢。
十八、私取常住物者，一罰十。
十九、招接算命相面收驚等諸婆者，罰銀一錢。
二十、輕易留人出家者，罰銀五兩，出院(擯出寺院)。
二十一、在庵嫁送有法名女子者，罰銀五兩，出院。
二十二、畜養幼男，至十五六歲不發遣者，罰銀三兩。

二十三、以葷腥入庵者，罰銀三兩。

二十四、以酒入庵者，罰銀三兩，除服藥（以酒為藥或吞藥之需）。

二十五、學吹打搖鈴杵念真言等，罰銀一兩。

二十六、擅留在家婦女，為家間口面不和而來者，不勸回，久留，罰銀三兩。

二十七、擅留己分上親戚在庵混擾，罰銀五錢。

二十八、欺滅當家，不容作主行事者，出院。

二十九、當家行事差錯，阿諛不諫者，罰銀三錢。

大眾都將大師的叮囑及規約謹記在心，虔誠專修念佛法門，嚴謹地奉持律儀，庵規森嚴，深獲居民的信仰。

綜前所述，大師婉拒了太后接至宮中供養，可見大師為清修自持者。至於在回覆慈聖皇太后請法的偈頌中，大師盛讚皇太后此世的尊貴，是來自過去世的善因，並非阿諛奉承；因為，大師亦告誡太后，除了享受榮華富貴外，仍須福慧雙修，並提出最好的修慧法門是一心念佛，將來往生極樂世界上品上生，立刻開花見佛，證得無生法忍，並很快成佛，成為三界中最為尊貴者。

大師之偈頌雖是回覆太后，卻也是藉此勸勉世人修持之道——一心念佛，速證佛果。

從大師的〈普勸念佛往生淨土〉、〈在家學佛之道〉、〈念佛不專一〉、〈念佛〉、〈警眾〉，以及《佛說阿彌陀經疏鈔》等文，我們可以看出大師殷重地勸勉世人，以「一心念佛、求生淨土、速證佛果」為修持之主要方針。

大師將自身洗浴湯傷的反省，寫了四則短文〈湯厄〉及〈傷足自規〉四條，用來自我警惕，並提醒自己隨時保持正念。

太素師五十九歲時，成立孝義庵，並請求大師參與孝義庵的落成大典及為孝義庵訂定規約；大師慈悲，為孝義庵訂立二十九條規約，庵內尼眾嚴謹奉持戒律及庵裡的規約，頗得居士眾的讚揚。

【註釋】

註一：澄觀大師，俗姓夏侯，字大休，越州山陰（今浙江紹興）人。誕生於唐玄宗開元二十六年（西元七三八年），出生時光明滿室，照徹鄰坊。身長九尺四寸，雙手過膝，口中有四十齒，聲韻如洪鐘。天寶七年（七四八），澄觀大師十一歲，依越州寶林寺的霈禪師出家，此後晝夜精進，參研經藏，尤其勤誦《法華經》。二十歲，受具足戒及菩薩戒。

澄觀大師有感於華嚴舊疏文繁義約，於是發願撰寫新疏。於唐德宗興元元年（七八四），到貞元三年（七八七），歷時四年，撰成《華嚴經疏》二十卷，即是現行的《大方廣佛華嚴經疏》。後來，又為弟子造《大方廣佛華嚴經隨疏演義鈔》四十卷、《隨文手鏡》一百卷。後人將《華嚴經疏》和《大方廣佛華嚴經隨疏演義鈔》二者合刻，略稱《華嚴經疏鈔》，並尊稱澄觀大師為「華嚴疏主」。

貞元十二年（七九六），德宗禮請澄觀大師至長安，審定罽賓三藏沙門般若（北天竺人）翻譯南印度烏荼國國王進貢的《華嚴經》後分梵本。此經於貞元十四年由般若法師翻譯完成，共計四十卷，仍題名《大方廣佛華嚴經》，世稱《四十華嚴》。

德宗誕辰日，澄觀大師奉召入殿，開示新譯《華嚴經》宗旨。大師講畢，德宗云：「朕之師，言雅而簡，辭典而富，扇真風於第一義天，能以聖法清涼朕心。」因此，賜號「清涼國師」，並賞紫衲方袍。

德宗又詔令澄觀大師作疏解釋此經，澄觀大師於終南山草堂寺撰成《貞元新譯華嚴經疏》十卷。

澄觀大師身歷九朝，曾為七帝（代宗、德宗、順宗、憲宗、穆宗、敬宗、文宗）講經，累封為國師。受賜的封號有「教授和尚」、「清涼國師」、「鎮國大師」、「僧統清涼國師」、「大照國師」、「大統國師」等，一生備受尊榮。

澄觀大師畢生講述《華嚴經》達五十遍，其著作等身，現仍流傳者達四百餘卷。如：《大方廣佛華嚴經疏》六十卷、《大方廣佛華嚴經隨疏演義鈔》九十卷、《華嚴經行願品疏》十卷、《大華嚴經略策》、《新譯華嚴經七處九會頌釋章》、《華嚴經入法界品十八問答》、《華嚴法界玄鏡》、《五蘊觀》、《華嚴心要法門》等，後世尊為華嚴宗第四代祖師。

文宗開成四年（八三九），澄觀大師預知時至，召集弟子數人，咐囑後便跏趺示寂，世壽一百零二歲，僧臘八十三。安葬於終南山石室，奉全身塔。文宗敕諡仍號「清涼國師」，賜塔額名「妙覺」。

澄觀大師的弟子，得法者有百餘人，其中以宗密、僧叡、法印、寂光等四位弟子最為著稱，時人稱為「門下四哲」，尤以宗密大師繼承法統，獨得其奧。

註二：「自說」為「十二分教」之一。佛教將三藏依體裁和內容分成十二類，稱為十二分教或十二部。依據印順法師在《原始佛教聖典之集成》所述，最原始的狀態是三分教，即「契經」、「祇夜」、「記別」三類；隨著經典不斷的集出而有九分教的說法；又隨著律部與論評的發達，增添「因緣」、「譬諭」、「論評」三者，而為十二分教——

1、長行：即以散文直說法相，不限定字句，通常是一行一行的長文。

2、重頌：既宣說於前，更以偈頌結之於後，有重宣之意；也就是說將長行的義理，用偈頌方式重新再說。

3、孤起：不依前面長行文的意義，單獨發起的偈頌，與前後經文無關。

4、譬喻：佛說種種譬喻，令眾生容易了解經文的義理。

5、因緣：述說見佛聞法的因緣，或佛說法教化的因緣。

6、自說：通常有菩薩或聲聞弟子請法，佛才說法；唯《佛說阿彌陀經》，無請法者而佛自宣說。

7、本生：佛陀述說其自身過去世因地的因緣。

8、本事：佛陀述說各弟子過去生因地的因緣。

9、未曾有：謂記載佛現種種神力不思議事的經文。

10、方廣：謂佛說方正廣大之真理的經文。

11、論議：指以法理論議問答的經文。

12、授記：是記錄佛為菩薩或聲聞，授成佛時名號及世界的記別。

註三：在《楞嚴經・卷五》中，諸大羅漢與大菩薩向佛陀報告其「圓通法門」；畢陵伽婆蹉所報告的便是「純覺遺身」，也就是以疼痛為因緣攝念而至身心具空：

我初發心從佛入道，數聞如來說諸世間不可樂事。乞食城中，心思法門，不覺路中毒刺傷足，舉身疼痛。我念有知，知此深痛；雖覺覺痛，覺清淨心，無痛痛覺。我又思惟，如是一身寧有雙覺？攝念未久，身心忽空；三七日中，諸漏虛盡成阿羅漢，得親印記，發明無學。佛問圓通，如我所證，純覺遺身，斯為第一。

註四：據《景德傳燈錄・第二十七卷》所記，僧肇大師（三八四至四一四）為後秦姚興所殺，臨死前曾留下偈語：

四大元無主，五陰本來空；
將頭臨白刃，猶似斬春風。

然而，這段記載經後人研究，顯然或為誤植。

第五章　晚年弘化

善本當行，非徼福故；惡本不當作，非畏罪故。終日止惡，終日修善；外不見善惡相，內不見能止能修之心。

大師除了廣勸世人戒殺、放生、以及念佛外，還撰寫了《自知錄》，提供給僧伽及社會大眾生活規範的準則，作為個人自我評量之用，讓佛法更普及於社稷。

撰《自知錄》

明神宗萬曆三十二年（一六〇四），大師七十一歲時，撰寫《自知錄》。大師在《自知錄》的序文提到：

> 予少時，見《太微仙君功過格》而大悅，旋梓以施。已而出俗行腳，匍匐於參請；暨歸隱深谷，方事禪思，遂無暇及此。今老矣，復得諸亂帙中，悅猶故也。乃稍為刪定，更增其未備，而重梓焉。……因易其名曰《自知錄》。

據大師言，他在年輕時，看見《太微仙君功過格》（註一）而深感欣喜，就立即刻版印贈。後來出家，行腳參訪，乃至歸隱於無人深谷，專心禪定，就沒有空再印贈此書了。如今年老了，又從書堆中看到此書，又生起跟當初相同的喜悅。於是，便以《太微仙君功過格》為基礎，稍加刪除訂正，增加了一些原來沒有的內容，編纂而成《自知錄》。

古德曾說：「人苦不自知。」大師認為，人最大的問題就是不了解自己。一般人如果知道某事是壞事，會害怕不做；若知道那是好事，便會歡喜而樂意做；但是，如果不知道其究竟是壞事或好事，就不知道何事不可為或何事可做。因此，大師便將原有之《功過格》編輯改名為《自知錄》，以作為個人處事的基準。

《老子》云：「上士聞道，勤而行之；中士聞道，若存若亡；下士聞道，大笑之。不笑，不足以為道。」如同《老子》「上士、中士、下士」之分，對於《自知錄》，大師亦認為不同根器者會有不同做法：

> 下士得之，行且大笑，莫之能視，奚望其能書？中士得之，必勤而書之。上士得之，但自諸惡不作，眾善奉行，書可也，不書可也。何以故？善本當行，非徼福故；惡本不當作，非畏罪故。終日止惡，終日修善，外不見善惡相，內不見能止能修之心，福且不受，罪亦性空，則書將安用？

大師指出，下士、中士或上士對《自知錄》的反應不同：下士者見《自知錄》一笑置之，視而不見，如何期望他能用心記錄其功過呢？中士者拿到《自知錄》，必定能勤奮地記錄自己的功過。上士者得到《自知錄》，因為平常就力行諸惡不作、眾善奉行，所以可以之記錄自己的功過，也可以不記錄自己的功過。

為何這麼說呢？因為，善業本為理所當然之事，並非為了獲得福報而行之；惡業本就不應做，並非為了害怕降罪於己。若是能終日止惡、終日修善，進而外不見善惡之相、內不見能止能修之心，便能了知三輪體空；福報尚且不受，罪報亦是性空，哪裡還須記錄呢？因此，隨著吾人內心的進展，對善惡的了悟與實踐之境界自然迥然不同。

每位修行人都須在心地法門上耕耘，如《華嚴經》「覺林菩薩偈」云：「若人欲了知，三世一切佛；應觀法界性，一切唯心造。」這個偈子相當唯識宗所說的「三界唯心，萬法唯識」。大乘佛教認為，十法界（佛、菩薩、聲聞、緣覺、天、阿修羅、人、畜生、餓鬼、地獄）都在我們的一念心；流轉於任何一界，都是自己所創造的。《華嚴經》又云：「心如工畫師，能畫諸世間。」此偈比喻，心就像是畫師一般，可以畫山、畫水、畫花等；十法界的一切事物，亦皆由我們的心所勾勒出來。因此，我們在日常生活中，若能致力於「靜則一念不生，動則萬善圓彰」的修行原則，便可以創造自己完善的天地。

以前有些行者，為了照顧好自己的心，每天用黑豆和白豆來記錄自己的善惡念。起了一個壞念頭的時候，就放一顆黑豆；反之，生起一個好念頭的時候，就放一顆白豆。剛開始的時候，黑豆多於白豆，也就是惡的念頭比善的念頭還要多，就這麼不斷地反省檢視自己；漸漸地，善的念頭增加，而惡的念頭減少。如此持之以恆，後來只有生起善的念頭，而沒有惡的念頭，也就是整罐都是白豆。

大師參考《太微仙君功過格》，將善惡業量化，加入佛教倫理的內涵，改編成《自知錄》，作為佛弟子的自我評量表。他將善業與惡業各分成五類：一、忠孝類／不忠不孝類；二、仁慈類／不仁慈類；三、三寶功德類／三寶罪業類；四、雜善類／雜不善類；五、補遺。

個人以其所花費或贊助的金額作為衡量功過的基準，內容包含了家庭、社會及宗教等層面，可說是一個人日常生活的規範。倘若每日用心檢察自己的身語意，記錄並反省；如此持之以恆，每日檢視自己的三門（身、語、意），假以時日，便能善業日益增多，惡業日益減少，內心亦會日益清淨。簡言之，就是藉由不斷反省自身行為的良莠，進而去惡歸善，人心便逐漸地趨近純善，最終可以達到三輪體空。

明末四大師之一的蕅益大師，十二歲時從私塾老師學習儒家的典籍，便以承續古聖先賢的聖學為己任，並造〈闢佛論〉批評佛法，立誓消滅釋老。十七歲時讀到蓮池大師的《自知錄》序文，才知道是自己的學識淺薄，未了解佛教、道家的教義，就妄加批評。蕅益大師立即改邪歸正，停止誹謗三寶。

值得一提的是，無論是善業或惡業，造業的輕重，最主要在於發心的清淨（註二），而非物品的多寡。大師為方便世人計算自身的善惡業，而將之量化；其最終的用意，是引導世人逐步以清淨心修諸善行。

佛經中記載著很多以清淨心供養而獲得大果報的典故。例如，在《賢愚經．貧人夫婦疊施得現報品》中有一則故事——

某日，佛陀在舍衛國祇樹給孤獨園祇洹精舍，對大比丘眾說法。當時，舍衛國有位大長者，家中誕生了一位全身包裹著柔軟白疊（即「白布」）的女孩，容貌非常端正殊妙。

父母為她取名為叔離（即「白」之意）。叔離日漸長大，白疊亦隨之長大而覆其身。到了適婚年齡時，叔離稟告父母，想要隨佛出家修行，父母點頭允許。

父母帶她前往佛所，頂禮佛陀，並請求出家。佛云：「善來！」叔離的頭髮便自然落下，所穿著的白疊自然成了五衣，叔離就此成為比丘尼。叔離比丘尼精進修行，不久後就證得阿羅漢的果位。

阿難尊者向佛陀請問其因緣：「叔離比丘尼依著何種的功德，得以出生於長者家，並與白疊一起出生？而且出家不久，便得阿羅漢的聖道？」佛陀便告訴阿難尊者這段因果——

過去久遠，有佛出世，名毘婆尸，與諸弟子廣度一切眾生。當時的國王及臣民，廣設供養佛及弟子眾。有一位比丘，常行勸化，引領世人前往佛所聽法及布施。

當時有位女子，名為檀膩伽，跟丈夫二人極為貧窮。夫婦倆的衣物只有一塊布；若夫出門乞討，就讓丈夫被著，婦便裸身坐在草墊上；若婦被著出外乞討，就換夫裸坐著。

勸化比丘有一次來到他們家，見到檀膩伽，便勸她說：「佛出難值，經法難聞，人身難得，您應當把握機會聽法及布施啊！」並廣說慳貪布施之報。

檀膩伽聽了便對比丘說：「請您稍坐一下。」便進到屋裡，對她丈夫說：「外面有位沙門，勸我見佛聽法布施。我們應該是前世沒有布施，今世才會如此貧窮；我們現在可以布施什麼，以做為後世的善因呢？」丈夫回答：「我們家這麼貧困，雖然有心，又怎能布施？」檀膩伽說：「前世不布施，才導致此世的窮困；如果今世再不種善因，後世又會如何？你就聽我的，我決定布施。」丈夫心裡想：「妳可能有些私房錢吧？就聽妳的嘍！」便答應了她。

想不到，檀膩伽竟然說曰：「我想將這塊布施捨出去。」丈夫說：「我跟妳一起用這塊布，出入乞討才能過活；今天若用來布施，就無法出門，可能會餓死啊！」檀膩伽說：「人生本來就會死！我寧可因布施而死，至少後世有個希望；不布施而死，後世可能會更加貧困啊！」丈夫想通了，便答應了她。

檀膩伽便走出來對比丘說：「大德！請您到門外去，我再布施給您。」比丘回答：「您若要布施者，應該當著我的面，我可為您祝福、祈願。」檀膩伽說：「我只有身上這塊布可以布施；女形穢惡，所以不適合對著您布施。」便走進屋內，脫下身上的布，施與比丘。比丘為他們祝福後，便拿至佛所。

毘婆尸佛對勸化比丘說：「將那塊布拿給我吧！」比丘獻給佛陀，佛陀親手接過這塊已頗為髒汙的布。當時，現場的國王及大眾等，都對這塊髒布感到嫌棄。毘婆尸佛知道現場會眾的心思，便告訴他們：「我觀此會清淨大施，並沒有比這塊布更清淨、更殊勝的！」大眾聽到佛陀這麼說，無不感到心驚與慚愧。國王夫人歡喜，便脫下自己上穿的瓔珞寶衣，令人送去給檀膩伽；國王也感到喜悅，便脫下身上衣服，令人送與其夫，並命令兩人都過來詣見佛陀。毘婆尸佛便廣為大眾說微妙法，當時與會的信眾有相當多人得度。

佛陀告訴阿難：「當時的那個貧窮女子檀膩伽，就是今日的叔離比丘尼。由於她當時以清淨心布施布衣；因此，九十一劫所生之處，便常與布一起出生，無所匱乏，隨意悉得。又因得遇毘婆尸佛，聞深妙法，心願解脫，於今世遇到我，便修得阿羅漢果。因緣如此，各位應該精進聞法、並勤於布施啊！」

俗諺「勿以善小而不為」；布施的真正價值不在於財物的優劣，而是在於內心的清淨。以至誠恭敬的心歡喜布施的話，即使是微薄的一件舊衣、一面明鏡、一枚硬幣、乃至於只是一杯水，皆有不可思議的功德。

神宗萬曆三十二年（一六〇四），大師七十一歲。九月時，史官董其昌撰文並書寫〈重建雲棲禪院碑記〉。

碑記中說明了雲棲塢的地理位置，並稱宋朝伏虎禪師住此山後，時而興盛、時而廢弛。大師於隆慶五年入山後，降伏了老虎，又念佛祈雨除旱災。村民感念大師恩惠，便合力重新建立雲棲寺，恢復其舊觀，僧人因此逐漸增加，遂成叢林。

大師的侍者認為：「古德破荒，眾檀積力，不可泯沒。」因此請求董其昌寫一篇文章記錄此事。除了簡短地記錄大師的生平、雲棲寺重建及復興的因緣，董其昌並贊云：

> 師自主法席以來，歷三紀，行在梵網，志在觀經。標淨業則東林（慧遠大師），立清規則百丈，析義疏則玉泉（智者大師），辨宗乘則慧日（註三），摧陰魔則板度，空排戲論則秀鐵面（註四）。雲棲雖幽迴荒率、無諸莊嚴，有具眼通者必曰：先佛塔廟在矣；有具耳通者必曰：水鳥樹林念佛法僧矣；有具宿命通者必曰：某古德再來矣。毘嵐偃岳而不波，大浸稽天而不溺，是雲棲之興，法道大有賴也。

大師七十六歲，值明神宗萬曆三十七年（一六〇九）。正月，大師亦寫了一篇〈復古雲棲寺記〉，記錄恢復古杭雲棲寺的因緣，為佛門大事留下歷史的見證。

基督教之傳入中國，約於唐太宗貞觀九年（六三五），以景教之名傳到長安，在中國傳播了兩百一十年之久，至唐武宗會昌五年（八四五）便絕跡無蹤。此事記錄於〈大秦景教流行中國碑〉上。

在元朝時，也有來自西方的宗教，名為「也里可溫教」；這是以蒙古語稱基督教，其語意是「有福緣之人」或「信奉上帝的人」之意。根據《元史》記載，此一宗教於元世祖至元七年（一二七〇），在詔敕文中出現。此教被認為是唐代景教的支裔，多數的傳教士是跟隨西征的蒙古軍來到中國，此信仰也隨著蒙古王朝的滅亡而逐漸終止。

到了明末，歐洲興起了宗教改革運動，羅馬天主教內部也要求改革。耶穌會在西元一五四〇年開始，向東方各國延伸其傳教路線，先是向印度，其次是中國。

明神宗萬曆九年（一五八一），天主教傳教士羅明堅神父（Michele Ruggieri，義大利籍，歐洲漢學奠基者）向東方總巡察使范禮安（Alessandro Valignano）舉薦利瑪竇（Matteo Ricci，耶穌會義大利籍神父）。（註五）萬曆十年，利瑪竇應邀前往中國傳教，八月七日到達澳門。利瑪竇在澳門積極學習粵語、北京話，以便日後傳播天主教。在中國活動了大約二十年後，利瑪竇正式進入北京，要求會見神宗皇帝。

利瑪竇不僅傳播天主教教義，也帶來西方的科學知識和文化，例如世界地圖、望遠鏡、《幾何原本》等，並吸收當時的朝廷官員入教，徐光啟便是其中之一。

徐光啟生於明嘉靖四十一年（一五六二），是明朝末年儒學、西學、天學、數學、水利、農學、軍事學等領域的學者，亦是當時的科學家、思想家、政治家、軍事家，也是明朝天主教教友領袖。萬曆三十五年（一六〇七），他與利瑪竇合譯《幾何原本》前六卷，可說是中西文化交流和中國近代科學技術事業的先驅。

後來，在知府的請求下，利瑪竇把世界地圖翻譯成中文，並取名為「山海輿地全圖」，這是中國第一張世界地圖。利瑪竇來到中國傳教，也促成了中西文化的交流。

天主教神父傳教，欲移風易俗，改變中國固有的信仰，例如禁止崇拜偶像等，因而連帶毀謗佛教及道教。

當時的傳教士徐光啟等人，除了進行維護天主教的政治斡旋以外，已經公然造論，明顯反駁佛教和道教、拉攏儒家。面對天主教激烈的論爭，佛教和道教受到西方宗教的強大衝擊。

例如，羅明堅於萬曆十二年在廣州出版《天主聖教實錄》，利瑪竇則於萬曆二十三年在江西南昌初版發行《天主實義》，又於萬曆三十一年在北京發行修訂版。這本《天主實義》共有八篇，其第二篇和第五篇是針對佛教和道教，尤其以佛教為主，展開強烈的抨擊。

而徐光啟所寫的《釋氏諸妄》更是公然地批評佛教，其目次是破獄之妄、施食之妄、無主孤魂血湖之妄、燒紙無靈之妄、持咒之妄、輪回之妄、念佛之妄及禪宗之妄等八項，直接詆毀佛教是虛妄的，大肆進行排拒佛教的運動。

但是，其所抨擊的信仰與行事，其實是中國民間信仰式的佛教，而非真正的佛教義理與本懷。

天主教立書批評佛教觀點的消息傳到雲棲寺，有人便勸請大師立書辯駁天主教之說。於是，大師基於護教而撰寫〈天說〉加以駁斥。（註六）

在《竹窗隨筆》中，收錄有〈天說〉三篇及〈天說餘〉一篇，此四篇是《破邪集》中比較早的辯論文章之一。

在〈天說〉的第一篇中云：

一老宿言：「有異域人為天主之教者，子何不辯？」予以為教人敬天，善事也，奚辯焉？老宿曰：「彼欲以此移風易俗，而兼之毀佛謗法，賢士良友多信奉者故也。」因出其書示予，乃略辯其一二：彼雖崇事天主，而天之說實所未諳。按經以證：彼所稱天主者，忉利天王也。

大師依據佛教宇宙觀，論證天主教的「天主」並非至高無上，而是相當於忉利天的天王；而三千大千世界有萬億位天王，「天主」並非是至尊。此說反駁天主教未讀佛經，不明真理，也不知有色界、無色界。因此，大師忠告信奉天主教的教友明察。大師基於護教的緣故，以佛教的宇宙觀來評論天主教的天主地位。

其次，由於天主教對於《梵網經》所提戒殺生一事，深表不認同，並加以諷刺和非難。他們認為：「《梵網》言：『一切有生，皆宿生父母，殺而食之，即殺吾父母。』如是，則人亦不得行婚娶，是妻妾吾父母也；人亦不得置婢僕，是役使吾父母也；人亦不得乘騾馬，是陵跨吾父母也。」因此，大師在〈天說〉的第二篇中加以駁斥，認為禁止殺生是大道明訓，不可設難質疑：

《梵網》止是深戒殺生，故發此論。意謂恆沙劫來生生受生，生生必有父母，安知彼非宿世父母乎？蓋恐其或已父母，非決其必已父母也。若以辭害意，舉一例百，則儒亦有之：禮禁同姓為婚，故買妾不知其姓則卜之。彼將曰：卜而非同姓也，則婚之固無害。此亦曰：娶妻不知其為父母、為非父母，則卜之。卜而非己父母也，則娶之亦無害矣！禮云：「倍年以長，則父事之。」今年少居官者何限？其舁轎引車，張蓋執戟，必兒童而後可；有長者在焉，是以父母為隸卒也。如其可通行而不礙，佛言獨不可通行乎？夫男女之嫁娶，以至車馬僮僕，皆人世之常法，非殺生之慘毒比也。故經止云一切有命者不得殺，未嘗云一切有命者不得嫁娶、不得使令也。如斯設難，是謂騁小巧之迂談，而欲破大道之明訓也，胡可得也？

再者，大師在〈天說〉的第二篇，主要反駁天主教認為無輪迴之說、「人死而靈魂常在」的觀點，並引用儒家的典籍來證明輪迴之說：

既魂常在，禹湯文武何不一戒訓於桀紂幽厲乎？先秦兩漢唐宋諸君，何不一致罰於斯高莽操李楊秦蔡之流乎？既無輪迴，叔子何能託前生為某家子，明道何能憶宿世之藏母釵乎？羊哀化虎，鄧艾為牛，如斯之類，班班載於儒書，不一而足，彼皆未知，何怪其言之舛也！

在〈天說〉的第三篇中，大師引用儒家的典籍說明儒家的「天」說已經完備，因此，不須天主教另創立新說。其云：

南郊以祀上帝，王制也。曰欽若昊天，曰欽崇天道，曰昭事上帝，曰上帝臨汝，二帝三王所以憲天而立極者也。曰知天，曰畏天，曰律天，曰則天，曰富貴在天，曰知我其天，曰天生德於予，曰獲罪於天無所禱也，是遵王制、集千聖之大成者夫子也。曰畏天，曰樂天，曰知天，曰事天，亞夫子而聖者孟子也。

天主教徒針對大師的〈天說〉第一篇提出責難，云：「卜娶婦而非己父母也，既可娶。獨不曰卜殺生，而非己父母也亦可殺乎？不娶而生人之類絕，獨不曰去殺而祭祀之禮廢乎？」大師因而再作〈天說餘〉加以反駁：

古人有言：「卜以決疑」。不疑何卜？同姓不婚，天下古今之大經大法也，故疑而卜之。殺生，天下古今之大過大惡也，斷不可為，何疑而待卜也？不

> 娶而人類絕，理則然矣；不殺生而祀典廢，獨不聞二簋可用享，殺牛之不如禴祭乎？則祀典固安然不廢也；即廢焉，是廢所當廢，除肉刑、禁殉葬之類也，美政也。
>
> 客又難殺生止斷色身，行淫直斷慧命，意謂殺生猶輕。不知所殺者，彼之色身；而行殺者，一念慘毒之心，自己之慧命斷矣！

大師在〈天說餘〉一文中，再次說明殺生是天下古今的大過大惡，絕對不可做，跟嫁娶、僕役等社會制度不同；殺生者的一念慘毒之心，會斷送自己的法身慧命。此文再次為佛教禁止殺生做了辯駁。

值得一提的是，大師並非惡意貶低天主教，而是出於護教衛法之故，針對天主教徒對佛教觀點的非難提出辯駁；然而，雙方的論點皆有錯謬。（註七）

此外，晚明蕅益大師亦撰寫〈天學初徵〉及〈天學再徵〉二文，合併稱之為「闢邪集」。此二文，皆是以儒教人士的立場來駁斥天主教教師的見解，目的是為了護教衛法。

其實，各個宗教各有其教義詮釋其對宇宙人生的認知。就佛教而言，佛陀亦針對不同根器的眾生，宣說了不同的法；例如，藏傳佛教弟子便將佛陀顯教教法整理成四部宗義——毗婆沙宗、經部宗、唯識宗和中觀宗。

如果不審慎深入學習，則會認為佛陀所說的教法似乎前後不一致，甚至矛盾；殊不知，佛陀是針對不同根器的眾生，而宣說不同的法。這正如醫生會根據不同的病而給予不同的藥；甚至，同一位病人，在不同的治療階段裡處方會所不同，所限制的食物或藥物也迥然不同。然而，其實並非有所衝突，只是對症下藥而已。倘若只有一種藥，則不能針對不同的疾病，治癒所有的病人。同樣地，只有一種宗教，亦無法因應不同根器的眾生，而滿足其需求。

就個人而言，宗教信仰往往是主觀的信念，各族群乃至不同宗教間應該互相尊重和包容。現今資訊發達的時代，不同宗教的信仰者，也可以透過學習和溝通，認識彼此的宗教，並進而促進宗教間的互助合作，共同為眾生謀福祉。

綜而觀之，七十歲之後的大師，首先是參考《太微仙君功過格》，將善惡業量化，編纂成《自知錄》，其內容包含了家庭、社會及宗教等層面，可作為一個人日常生活的規範。

《自知錄》一推出，便成了當時社會大眾引為生活規範的標準，百姓比較容易了解具體的實踐方式。因此，不僅為出家眾提供自我審視的實踐法門，亦成為在家人參與宗教活動的自我評量，自然讓佛法更普及於民間，流傳於社會大眾之生活中。

而面對明末天主教徒對佛教觀點的諸般非難，基於護教衛法之故，大師撰寫了〈天說〉三篇及〈天說餘〉一篇加以辯駁，以釐清其不契理之處。

【註釋】

註一：《太微仙君功過格》為金朝道士又玄子所撰著，收錄於《正統道藏》洞真部戒律類。在自序文中言，撰者於金大定辛卯年（西元一一七一年）夢遊紫府，朝禮太微仙君，授其「功過格」，夢醒後即寫成此書。

《太微仙君功過格》乃以《周易》中「積善餘慶，積不善餘殃」的觀念作為基礎，制定「功格」與「過律」，強調「積善成福、積惡成禍」的觀念。其內容包括功格三十六條，分為救濟門、教典門、焚修門、用事門四類；過律三十九條，亦分為不仁門、不善門、不義門、不軌門四類。世人根據上述功過格律，逐日反省並記錄其言行功過，可以知曉自身的功過多寡，與上天真司考核之數昭然相符。依此行持，避惡遷善，積功累德，則「去仙不遠矣」。

從《太微仙君功過格》來看，乃是承續《太上感應篇》（作者不詳，最早的記載為南宋）的基本內容。《太上感應篇》認為，每個人都會有諸神明在計算其行為之善惡，並相應有其災厄：

善惡之報，如影隨形。是以大地有司過之神，依人所犯輕重以奪人算（壽命）；算減則貧耗，多逢憂患，人皆惡之，刑禍隨之，吉慶避之，惡星災之，算盡則死。又有三台北斗神君（上台司命、中台司福、下台司祿）在人頭上錄人罪惡，奪其紀算。又有三尸神在人身中，每到庚申日輒上諸天曹，言人罪過。月晦之日，灶神亦然。凡人有過，大則奪紀，小則奪算。其過大小有數百事，欲求長生者先須避之，是道則進，非道則退。

再往前則可追溯到葛洪的《抱朴子》。如《抱朴子》云：

欲求長生者必欲積善立功、慈心於物，恕己及人迨於昆蟲；樂人之吉，憫人之苦，赒人之急，救人之窮；手不傷生，口不勸禍，見人之得如己之得，見人之失如己之失；不自貴不自譽，不忌妒勝己，不嫉陷陰賊。如此乃為有德受福於天，所作必成，求仙可冀也。

立功為上，除過次之。為道者以救人危使免禍，護人疾病，令不枉死，為上功也。欲求仙者，要當以忠孝和順仁信為本；若德行不修，而但務方術，皆不得長生也。行惡事大者，司命奪紀，小過奪算，隨所犯輕重，故所奪有多少也。凡人之受命得壽，自有本數。數本多者，則紀算難盡而遲死；若所稟本少，而所犯者多，則紀算速盡而早死。人欲地仙，當立三百善；欲天仙，立千二百善。若有千一百九十九善，而忽復中行一惡，則盡失前善，乃當復更起善數耳。故善不在大，惡不在小也。雖不作惡事，而口及所行之事，及責求布施之報，便復失此一事之善，但不盡失耳。

積善事未滿，雖服仙藥，亦無益也。若不服仙藥，並行好事，雖未便得仙，亦可無卒死之禍矣。吾更疑彭祖之輩，善功未足，故不能升天耳。

其核心理論為：「我命在我不在天。」也就是說，世人透過自己的努力行善，可以改變命運；若欲成仙，亦須靠自身功德之圓滿。

《太微仙君功過格》對後世頗有影響。元代淨明道道士注重內心的修養，奉持此書，亦有儒家學者引用之，蓮池大師則依據此書改編為《自知錄》。不過，《自知錄》跳脫了神力制約的信仰，轉化成自力道德的計量形式；而且，其條目比《太微仙君功過格》多了一倍。

註二：清淨發心的重要性，或可以《了凡四訓》之說為例。依《了凡四訓》之說，善行有半善和滿善之區判；書中便以故事予以說明——

從前，某家女子到佛寺去禮佛，想要布施卻沒有錢，只得將僅有的二文錢交予住持；住持當下親自為她向佛懺悔回向。

後來，這個女子進了皇宮；富貴之後，帶著幾千兩銀子回到佛寺布施；不過，住持只叫他的徒弟替她回向。

這女子就問：「我從前所施的只有二文錢，師父你您親自替我懺悔；現在我施了幾千兩銀子，師父卻連回向也不為我做。為什麼呢？」

住持回答：「二文錢雖薄，但布施的心真誠懇切；所以，非我老和尚親自替妳懺悔，不足以報答妳布施的功德。今日的布施錢財雖多，卻不像以前那般真切，所以叫人代妳懺悔就夠了。」

由此可知，即是幾千兩銀子的布施，若是不夠誠心禮敬，只算「半善」；反觀二文錢的布施，如至誠禮拜，亦算是「滿善」。

另一例子為：八仙裡的漢鐘離把「點鐵成金」之仙術傳授呂洞賓，以利行善濟世。

呂洞賓問：「黃金是否會變回為鐵？」漢鐘離答道：「五百年後，自然會回復鐵的本質。」

呂洞賓便說：「如此會害了五百年後的人，我不願做這樣的事。」

漢鐘離贊道：「修仙要積三千功德；單憑你這一句話，三千功德已圓滿了。」

這是另一種「半善」或「滿善」的說法。

一個人行善而能心不執著善，則所作的善行，皆能得到圓滿；若內心執著於善，雖然一生勤勉地行善，也只不過是「半善」。

例如，以財濟人，要內不見布施的我、外不見受布施的人、中不見布施的物品，這名為「三輪體空」，也稱「一心清淨」。如能做到這樣的布施，則一文錢足以消千劫之罪，斗米亦能種無量之福。

若未能將心空掉，反而是施恩而望報、捨財而懊悔；則布施黃金萬兩，也只是「半善」而已。

註三：慧日法師（六八〇至七四八），唐代淨土宗僧，東萊（山東）人，俗姓辛。幼時見從印度歸來之義淨，深受其影響，遂誓遊印度。於中宗嗣聖十九年（七〇二）乘船出發，經佛誓（今蘇門答臘）、師子洲（今斯里蘭卡）等，三年始達印度。乃禮謁聖跡，尋求梵文經典，參訪善知識，歷時十三年。慧日遍遊七十餘國，共歷十八年，於開元七年（七一九）始歸長安，呈獻佛像與經典，玄宗敕賜「慈愍三藏」之號。慧日勤修念佛法門，弘揚淨土教義，著有《淨土慈悲集》、《般舟三昧贊》、《願生淨土贊》和《西方贊》等。天寶七年於洛陽罔極寺入寂，世壽六十九。其淨土思想有獨特之處，故後世學人將其淨土學說與淨土大師慧遠及善導兩流並列，稱為慈愍流。

慧日的根本思想在於禪、教、律、淨四行並修而著重於淨土。他批評當時的禪家忽視齋戒，又指摘求生淨土者不斷酒肉五辛。五代永明延壽禪師的禪淨雙修思想，對於後世影響頗大，其思想似多淵源於慧日。

註四：法秀禪師（一〇二七至一〇九〇），雲門宗法嗣，北宋京城法雲寺僧。字圓通，俗姓辛，秦州隴城（今甘肅省天水市）人。他性格嚴厲，道風峻潔。時人皆稱其為「秀鐵面」。李公麟畫馬、黃庭堅作豔詞，皆受其當面指責。據《指月錄·卷二十五》所載：

李伯時（公麟），善畫馬。師呵曰：汝士大夫，以畫名，矧又畫馬期人誇妙，妙入馬腹中亦足懼。伯時遂絕筆，師勸畫觀音贖過。

黃魯直（庭堅），工豔詞，師亦訶呵之。魯直笑曰：又當置我馬腹耶？師曰：汝以豔語，動天下人婬心，不止馬腹，正恐生泥犁（地獄）耳。黃竦然悔謝，遂勵精求道。

註五：利瑪竇出生於西元一五五二年，從小在耶穌會的學校讀書，從而培養他對神學的喜愛。後來，父親把他送去學習法律，但他中斷法律的學習，投入了耶穌會。此後，他完全投入神學的學習；此外，還學習哲學、拉丁文等多國語言。

萬曆十年，利瑪竇應邀前往中國傳教，八月七日到達澳門。在澳門時，利瑪竇脫下西方的服裝，換上漢服，學習粵語、北京話，還閱讀大量中文書籍。

同年九月十日，利瑪竇沿西江來到肇慶；由於這裡湖光山色甚美，以及人民和善寬厚，便決定居住，並開始傳教。利瑪竇來中國的主要目的是傳教，但是他不敢直接表示傳教的目的，否則可能會被驅逐。

利瑪竇解釋來中國的原因：「我們是從遙遠的西方而來的教士；因為仰慕中國，希望可以留下，至死在這裡侍奉天主。」

萬曆十二年，利瑪竇請羅明堅撰寫《天主實錄》，以中文解釋天主教的教義。

利瑪竇除了介紹天主教的教義，也傳播西方的文化，傳教的對象主要是他所結識的士大夫。而利瑪竇本身亦被中國傳統文化深深吸引，不斷地學習和研究，把不少中國經典著作翻譯成外文，傳播到西方國家。

萬曆二十七年，利瑪竇居住南京，並與大報恩寺僧雪浪大師進行了一場辯論。

萬曆二十九年，利瑪竇向當時的萬曆皇帝進獻十六件貢品，包括聖母像、自鳴鐘、西洋琴、一張詳細的世界地圖「萬國輿圖」等，因此得到皇帝的信任。利瑪竇定居北京，主要目的是為了傳播天主教。

萬曆三十八年（一六一〇）五月十一日，利瑪竇病逝於北京，享年五十八歲，賜葬於平則門外的二里溝滕公柵欄。

註六：在大師辯駁的文章中，未明白標示出所駁斥天主教之書名；但聖嚴法師認為，根據所申論的內容及年代，推測應該是利瑪竇所著的《天主實義》。

註七：平心而論，蓮池大師在〈天說〉中對天主教的批評不算到位，皆有「歧義謬誤」或「定義謬誤」的問題。

例如，天主教所指的「天」，指的是造物主耶和華（Jehovah 或 Yehowah），其內涵與佛教宇宙論（三界——欲界、色界、無色界，又可分為二十八（層）天）的「天」不盡相同；因此，將天主教的「天主」等同於忉利天王（欲界六天中第二層天之王，又名釋提桓因，即帝釋天，道教視為玉皇大帝），或有定義上的謬誤，稱儒家的「天說」已完備亦然。

天主教的「天」或「上帝」，都是借用中國原有的詞彙翻譯之，並不能完全代表其宗教意涵。就如同佛教中之「般若」的意涵難以用「智慧」

窮盡之，故只好採取音譯。

同樣地，天主教對佛教的批評，亦有誤解與錯解佛教教義、乃至於以民間信仰批判佛教思想的問題，也會誤導百姓對佛教的認知。

第六章　圓寂

欲海橫流，三毒熾然，孰能遏狂瀾以清烈燄？自非應身大士，又何能醒顛瞑而朗長夜？

平生命坐太孤星，峭似高峰冷似冰；自主自賓還自僕，空菴空榻復空鐺。
藤蘿入戶無人翦，燈火消煙借月明；獨有纖毫孤未盡，白雲時至伴幽清。

這首〈山居〉充滿空寂的意味，可說是大師的自述。其意謂——我的生平好似坐命於最孤獨的星辰一般，像似高峭之山峰，又好像清冷的寒冰，令人難以親近。我一人充當自己的主人、賓客與僕人，住在一座空蕩蕩的庵寺裡，有著空蕩的臥榻，以及空空如也的鍋子。屋外那些葛蘿之類的攀藤植物，都長到屋子裡了，也沒人去修剪；屋內的燈燭燒到連煙都沒了，只好借助於月亮的光明。最後，這般的孤獨卻仍有些許未完全，還會有偶爾飄來的白雲，陪伴著幽寂冷清的我。

預立遺囑

大師雲遊四方後，才回到故鄉未久，在雲棲山結茅修行。某一日，湯氏忽然前往雲棲山，向大師陳述收養繼子一事；原由是大師無子嗣，宗人建議以侄子文彬過繼給大師做其子嗣。

大師業已出家，早做無子想；倏然聽聞到此事，立即阻止。但是湯氏告之，此事已成定局，不可改變。於是，大師只好勉為其難順從此決議。

後來，湯氏出家前，將其名下的沈家財產，全部分給文彬及侄兒們，只是對文彬稍微優厚些，就連原本居住的房子也給了文彬。

湯氏出家後，精勤持戒修行，迨十二年後，即神宗萬曆三十四年成立孝義庵，而為庵主。此庵肇源於朱懋正、宋桐岡、洪湘皋等人大力協助，加上冢宰官、居士、比丘某某等，大約共有五百人的資助，大眾各捐己資以建之。關於孝義庵建立的原由，明末進士宋應昌於當年所撰寫的〈菜市橋重建孝義無礙庵記〉，有詳細記載此庵成立的因緣。

大師七十二歲，值明神宗萬曆三十四年（一六〇六），庵主太素師五十九歲。冬天時，大師預立遺囑，為了保護孝義庵的寺產，以免俗家弟子爭奪寺產。在〈遺囑〉一文中，大師略述孝義庵成立的因緣，並云：

> 此庵蓋秋毫皆檀越信施所成也，外無隻木寸地與沈門相涉。後人不知其詳，儻生異念，橫相侵漁，則為欺自心、欺十方檀信、欺縣父母、欺我、及我考妣宗祖。況湯有徒有孫，有久伴道友。就令湯之徒伴澌滅逮盡，亦當別求老成篤行尼僧住持，以永存孝義之名，在俗家不得而有。恐歲久湮沒，書而鏤之梓，遺以為據。

五年後，明神宗萬曆三十九年（一六一一），大師七十七歲，庵主也已六十四歲，身體多病。六月，大師又寫了〈囑餘〉一文，交付給庵主的大弟子廣占法師等人。文中提到：

孝義庵自置者，皆招提僧物，屬十方常住，不必依世俗分家財起爭端矣。庵主既已出家，自是僧類；師亡徒紹，不必依世俗親族來處置家事矣。

總之，大師預立遺囑除了保護孝義庵的寺產，以及讓孝義庵的尼眾得以安心辦道，並避免俗家弟子因爭奪寺產而造下惡業。

太素師圓寂

明神宗萬曆四十二年（一六一四），大師八十歲時，於誕辰日（正月初八）在杭州增拓上方、長壽兩個放生池。

大師另於山中設放生所，救贖飛禽走獸，設有專人看護，並定期為羽族鳥類宣說法要。生性善鳴鼓噪的鳥群一聽聞到木魚聲，竟然全都安靜聽受；等到開示結束，眾鳥才喧鳴，並展翅飛走。

大師一生積極提倡戒殺和放生，不但在杭州城內、外造了很多放生池，同時撰寫〈戒殺文〉、〈放生文〉及〈放生儀〉等文章，多次舉行放生。大師並在雲棲寺設置放生場，寺裡的出家人則自減口糧，將剩餘的錢用來買魚類等，放入放生場中。大師的戒殺和放生等文章，流通於全國；很多人受到大師的感化，紛紛戒殺和放生，蔚為風氣。

同年，大師八十歲誕辰日，董其昌親手抄寫《阿彌陀經》供養大師，為大師祝壽。

六十七歲的太素師，初夏罹病，食量漸減。八月十三日往生前，已經一個月未食半粒米，形枯骨立。尚存一息時，忽然向侍者說：「經上說十念往生，亟扶我起。」侍者扶起來後，便端坐念佛往生。

大師聽到太素師往生的消息，便說道：「生死事大！我應當送太素師最後一程，並為其建塔。」

年邁的大師親自為太素師送行，並在雲棲寺外的西麓（右麓）為太素師設立舍利塔。

隔年七月，大師圓寂後，弟子為其設立舍利塔於雲棲寺外的東麓（左麓）。大師與太素師同修淨業，其弟子吳應賓（明末進士）曾作〈武林孝義無礙庵主大尼太素師塔銘〉，文中讚歎二人：「法輪交參推輓，以為蓮宗長也。」文中指出兩人在佛道上法輪交參，具有四項不思議：

庵主始處雲棲大師之室，欲愛如膏，佛智如火，勤勇熏鑠，頓盡無餘，於是乎有異方便焉！使大師於出家緣而得自在，以為一代法檀。而大師所謂庵主董正化儀，鎮撫徒眾，乃至形未來波旬若干種心。若秦鑑之洞覽，故孝義之有終也，猶雲棲之有始也。法輪交參，不思議一矣！

庵主尊重木叉（戒律），庭無比丘之跡。梵行所感，四事翕如。與共住者量腹度形，歸其羨於雲棲香積。而孝義之剎，一行以為香光，六字以為法喜，三心以為禪悅，九品以為無盡燈；出要之途，惟雲棲是趨是步。故檀波羅蜜者，庵主之所以投；而慧波羅蜜者，大師之所以報也。法輪交參，不思議二矣！

大師上度為孝，普度為慈，棄短取長，代衰以染。而庵主用近事女身，持冰霜之律儀，薦蘋藻之明信者幾三十年，庶姑終堂，乃現比丘尼相；及其念心成就，乘願往生。而弘範漚和，若虞淵之返乎初照；高足廣占大文廣曜輩所影赴而響隨者，皆大師所龜卜而石畫也。庵主和其義以補大師之孝於方內，而大師錫其孝以扶庵主之義於方外。法輪交參，不思議三矣！

庵主為優婆夷而勉畜嗣子，為比丘尼而亟謝嗣子，分田授廬，莫不中度。曰：為沈氏出家兒後者固有在矣！而孝義精藍，適當古無礙庵之宇。堅牢持地，檀那布金，淨覺觀心，如時涌沒。而大師所以區別僧俗，料揀至儀，一一義中，足使招提（寺院）之壓重於郟鄏（周朝王城）之鼎。雖其染指，能不捫心，是庵主奉雲棲以出世間智，而大師攝孝義以入世間智也。法輪交參，不思議四矣！

簡言之，四項不思議其一是：孝義庵之有終也，猶雲棲寺之有始也。其二是：檀（布施）波羅蜜者，是庵主（太素師）之所以投；而慧波羅蜜者，乃大師之所以報也。其三是：庵主和其義以補大師之孝於方內；而大師錫（賜）其孝以扶庵主之義於方外。其四是：庵主奉雲棲以出世間智，而大師攝孝義以入世間智也。

二人圓寂後，其窣堵坡（舍利塔）從不思議解脫慧心任運拈出。大師南面於招提之左，如據座法檀；庵主東面於阿蘭之右，如雲來上首。總之，字裡行間道出大師與太素師彼此互相成就德業和道業，直到今日仍流傳著此段佳話。

大師將太素師的慧行記錄下來，作為尼師的楷模。銘曰：

僧現非男，尼現非女；等與眾生，為智度母。
身相非古，塔相非今；等與眾生，為慈妙雲。
優缽時開，芬陀交映；同事顯凡，冥權祕聖。
華數為劫，塵數為年；此土安隱，如那羅延（金剛力士）。

《竹窗隨筆》付梓

對於修學佛法的觀念、對禪淨法門與儒道獨特的見解、平常遇到各種的因緣，乃至所見或所聞有所啟發或感悟時，大師會立即提筆記錄；直到晚年，隨筆記錄的內容相當多元且豐富。因此，將之結集成冊，並印刷成書。

萬曆四十三年（一六一五）春天，大師在《山房雜錄．竹窗三筆序》一書的自序文中，提及撰寫《竹窗隨筆》的緣起：

古有《容齋隨筆》，予效之竹窗之下。時有所感，筆焉；時有所見，筆焉；從初至再，成二帙矣。茲度八旬，頗知七十九年之非，而自覺其心之未悄然也。……所感所見，積之歲月，忽復成帙。雖東語西話，賓叩主酬，種種不一，要歸於整飭行門、平治心地而已。

大師仿照南宋洪邁所著的《容齋隨筆》(註一)，將日常生活的「所見」與「所感」，潤以自己的見解，主要用意在於整飭行門、平治心地。如此以隨筆記錄的方式，逐漸累積成冊，並於大師八十一歲時，付梓流通，普利群生。

此書收錄大師隨感提筆記錄的文章，共有四百二十七篇；其中包含《初筆》一百六十一篇、《二筆》一百四十一篇、《三筆》一百二十五篇。書中記錄大師的求道經過、見聞，詳加說明禪、教、淨的正確知見，以及對佛儒融合的見解。對於念佛與參禪、儒家與道家、世法與佛法，都有其精闢獨到的辨析，對於時下有些錯誤的觀念也給予導正，在念佛、參禪、學佛、學儒、學道等各方面都有頗大的啟發，並且有助於建立正確的知見。

為了便利現代人閱讀，臺灣佛陀教育基金會出版了《竹窗隨筆白話解》，是非常值得閱讀的好書。

大師圓寂

大師一生崇尚淨土專修淨業，嚴持戒行，說法四十多年，著述甚多，皈依弟子數千人，受其教化的人不計其數。

大師臨終前預知時至。在明神宗萬曆四十三年（一六一五）六月間，大師八十一歲時，他老人家下山到杭州城裡與弟子及朋友告別，只告訴他們說：「吾將他往矣！」之後便回到了雲棲寺。

回雲棲寺後，大師就以茶來向大眾話別。大師說：「此處吾不住，將他往矣！」大眾都不知大師所云為何。

寺中每年中元節普度濟孤，設有盂蘭盆法會，各薦先宗。大師云：「今歲我不與會矣！」寺中有簿記，師密題之曰：「雲棲寺直院僧，代為堂上蓮池和尚追薦沈氏宗親。」大眾過後才看見此紀錄，此時大眾才恍然大悟，知曉原來是大師的臨別語。

七月一日晚上，大師在法堂上對僧眾說：「我言眾不聽，我如風中燭，燈盡油乾矣。只待一撞一跌，纔信我也。明日要遠行！」大眾請求大師留住世間；大師作了〈三可惜〉及〈十可嘆〉，抒發內心的感慨，並以之督促自己與徒眾，以及警惕世人；大師連燒香、濾水等日常皆一一指點，可見其對細行之重視、以及對弟子教學之嚴謹。

所謂〈三可惜〉為：

一者、深山窮谷，清淨幽閒，既無村中士女喧煩，亦無過往賓客遊賞。峰巒攢簇，冬避風寒，林樹陰森，夏消炎熱。蹉過此時，而不修行，是為一可惜。

二者、柴水方便，衣食現成，床帳整齊，醫藥周足，沐浴次第，燈火熒煌。蹉過此時，而不修行，則為二可惜。

三者、宏（大師自稱）雖隨行逐隊，一介凡僧，既不能見性明心，又不能積功累德，但其安分守己，謹慎操持，於此末法之中，亦可充佛祖普庇眾生廬舍中之一小椽，亦可助佛祖普渡眾生橋梁之一卷石，亦可備佛祖普療眾生疾病藥籠中之一方寸匕。嗟乎！獻瓦缶于金轂，取笑旁觀；進麥飯於滹沱，寧無小補？蹉過此時而不修行，是為三可惜。

雖然，凡有言說，人不聽從，皆由自己德薄福輕故也；但當責己，不敢尤人。

倘天假之年，餘生未盡，尚當力疾以報佛恩，以酬大眾。

所謂〈十可嘆〉則是：

負罪自誤誤人老疾僧宏稽顙白言：

惟宏（大師自稱）年衰病久，力寡事繁，石火風燈，命存呼吸。向擬長壽庵養疾數月，為悟齋、梵邦、常惺三友接還，不得如願。一可嘆！

三友發心，少焉散去，不終期事。燭空繼之，亦復不終。今則六人之，三班半月，亦非常便。小庵小廟當家，各各圓滿一年，整齊交代，獨本山如此。二可嘆！

一人妄作主宰，掘壞龍山風水，一年死十七人，眾若不聞不見。一人妄作主宰，打造後山石牆，隔斷來脈，徒壞錢糧，反致藏虎豹而招寇盜，眾若不聞不見。三可嘆！

半月半月，雖宣讀僧約十條、修身十事，乃至廚庫等銘亦成虛應故事。四可嘆！

受託念佛不致誠，受託拜經懺不致誠。五可嘆！

佛制，不應手接金銀；僧不能行，故以行施折罪，乃止行於經懺；又不是行施，反似抽分。六可嘆！

凡出家先審其原住何所，後逢期散，便有所歸。今泛納不審。七可嘆！

合寺不論老少，皆要不違十戒律儀。今受菩薩戒，而行事尚不及沙彌。八可嘆！

屢屢分付，不相信從，不一而足，略開數事：分付管事人，宜和合無乖爭；分付宿園，毋勞逸不均；分付挑柴挑米等，俱要上座領眾記過；分付有病，要依式掛幕；分付十戒、具戒、大戒，各要行本戒事，不可有名無實；分付放生所，要依時警策；分付老堂，未滿八十者，晚課必查隨眾與否。分付值夜，每早須查勤惰如式，回復平安與否；分付不得貴價，買假香燒，熏壞金像；分付濾水囊用訖，須如式蕩濯；分付年少學淺，不該講經宜查；分付僧值所言當理者，皆當力行。分付春夏秋停止經懺道場，萬不得已，請外住於經板堂中行之；今即於本山，而本山僧反多於外住者。分付內樓緊緊封鎖，萬不得已暫開，今數數開。分付送化亡僧，估唱僧物，各要起大悲憐生大警悟；今則泛泛然而送化，嘻嘻然而估唱習為常事，全不動心。九可嘆！復次，我今命若風燈，朝不保暮，無信我者，無憐我者，此間如何住得？十可嘆！

當時松江居士徐琳等五人在寺裡，大師令侍者送遺囑五本。

七月二日晚上入方丈室，大師示現微恙，閉目靜坐。

城中的弟子都來到寺裡，大師又張開眼睛開示眾人說：

余所著《阿彌陀經疏抄》，實乃淨土慈航，傳燈正脈。當令普利群生，不可斷絕。大眾老實念佛，莫捏怪（不要裝模作樣，不得標新立異），莫壞我規矩！

大眾問道：「誰可以主持叢林呢？」

大師回答：「解行雙全的人。」

大眾又問：「目前呢？」

大師回答：「姑且依照受戒的先後次序。」

大師說完後，就面向西方念佛圓寂。

大師世壽八十一歲，僧臘五十。弟子為大師設立舍利塔於雲棲寺外的東麓（左麓）。

後人追思

大師的在家弟子吳應賓（當朝進士）於明萬曆四十四年（一六一六）浴佛日（農曆四月八日）作了〈恭述雲棲蓮池大師智行悲頌〉，文中以〈大智頌〉、〈大行頌〉、〈大悲頌〉來讚頌大師的德業——

〈大智頌〉

一室千燈，師以為心；清涼宴坐，天目分身。

文龍義虎，載潛載貴；五宗月印，三藏雲興。
爍破虛空，碎如微塵；山流水峙，北斗南辰。
聖凡同體，情器但名；殺活開遮，自在縱橫。
觀時逗機，九品一乘；佛之知見，無生往生。
六字奢摩，撮土成金；念性真常，得旨歸根。
歎頓褒圓，精義入神；宗鏡重玄，身名句文。
慧眼法眼，滿字潮音；中邊情盡，非去來今。
欲海乾枯，鳥王翅分；魔軍降伏，師子絃鳴。
般若背財，孰付孰承；齒歸舌在，百草明明。

〈大行頌〉

艮童為目，震男為足；舍爾朱輪，推我素轂。
迦文龍種，月珠分握；弘範毗尼，華光冥觸。
布薩千年，漢官儀復；施攝維初，生相乃畜。

體妙一如，用滋百福；容膝阿蘭，水乳眷屬。
香積餘熏，慈周異族；祕密頭陀，正勤相續。
平等不輕，尾閭百谷；挫銳刳心，鎮雕以樸。
座證法空，衣傳忍辱；無量壽光，香嚴漩澓。
散善波澄，輕安調伏；主伴重重，雜華芬郁。
禪土雙拋，泯真絕俗；世出世間，蘧廬一宿。
師住非延，師往非促；水鳥樹林，萬象非獨。

〈**大悲頌**〉

同體大悲，師乃出世；智不獨醒，行必普濟。
譬如舟師，技習工備；泛宅浮家，往來不繫。
夫何求哉，彼利己利；覺岸慈航，亦復如是。
遺榮出家，攝以同事；昔著空華，今知倒計。
二共內嚴，三聚外衛；默擯師蟲，非我族類。

解脫宗通，不離文字；法乳衣珠，辯才無畏。

乾慧癡狂，神方對治；事理圓融，念佛三昧。

成熟滋熏，比丘居士；見面聞名，海漸沙被。

悲仰淨心，普門遍至；緣合東來，緣畢西逝。

籌室闍維，照未來際；稽首青蓮，愍茲四輩。

神宗萬曆四十五年（一六一七）二月朔日（初一），七十二歲的憨山大師來到杭州雲棲寺弔唁大師，作了〈祭雲棲大師文〉，並陳獻瓣香之供，致祭於大師之靈塔前。祭文如下：

嗚呼！

師本不生，亦無所去；以力持身，順因緣故。

慾海波騰，火宅燄熾；師展願輪，特來捄（救）濟。

示出塵勞，早歸慈父；一登覺路，如白牛步。

視愛如唾，覯親若冤；彼蠅聚者，孰不瞿然。

法界為家，含靈是宅；物我等觀，無二無別。
開甘露門，指歸淨土；鱗甲羽毛，一齊頓赴。
悲正法眼，瞖（翳）彼戒根；以金剛錍（錍），刮垢剔昏。
三千威儀，八萬細行；於二六時，悉令清淨。
身為眾目，心為大宅；十方來者，癡狂頓歇。
四十餘年，法幢高豎；一雨普滋，藥草諸樹。
纔霑一滴，枝葉並茂；但有根者，畢竟成就。
我觀吾師，如獅子王；高臥窟中，群走慞惶。
我又觀師，如藥王樹；凡有親者，必瘳沉痼。
嗟哉末法，慧日久沉；師於長夜，持大智燈。
佛本無心，心付在師；薩埵無行，行託師持。
故師應世，一味無我；即住百劫，於何不可？
嗚呼！

師以緣現，緣滅即去；悲此群蒙，失所依怙。

我數千里，遠持瓣香；展布五體，敬禮寂光

師悲同體，以我知音；願鑒我誠，來格來歆。

嗚呼尚饗！

之後，憨山大師應四眾弟子的祈請，於同年二月望日（十五日），為大師作了〈古杭雲棲蓮池大師塔銘〉，概述大師一生的德業與修持，堪為後人的典範。

憨山大師極為讚賞蓮池大師，如其所作的塔銘開頭云：

欲海橫流，三毒熾然，孰能遏狂瀾以清烈燄？自非應身大士，又何能醒顛瞑而朗長夜？時當後五百年，尤難其人，是於雲棲大師深有感焉。

憨山大師嘆曰，目前世上欲海橫流，貪、瞋、癡三毒像火一樣的劇烈燃燒，誰能夠制止這個狂瀾使烈焰消滅呢？倘若不是佛菩薩應化再來的雲棲大師，又怎麼能喚醒顛倒昏暗的眾生而照亮長夜的黑暗？特別是正當佛滅度第五個五百年的末法時期，得遇大師這般的典範尤其難能可貴。這是憨山大師對雲棲大師辭世的深深感觸。

又云：「總師之操履，以平等大悲，攝化一切。非佛言不言，非佛行不行，非佛事不作。佛囑末世護持正法者，依四安樂行，師實以之。」意即憨山大師總結大師一生的操守和踐履，是以平等大悲心來攝化當時的眾生，並且做到「非佛言不言，非佛行不行，非佛事不作」，也就是說，大師的身口意三門都與佛法有關；而且，大師真實奉行佛陀囑咐末世護持正法者所應依循之四安樂行。

所謂四安樂行，如《法華經．安樂行品》提及四種安樂行，安行法華之法也——

一、身安樂行，謂身當遠離十種之事：（一）豪勢；（二）神人邪法；（三）凶險嬉戲；（四）旃陀羅；（五）二乘眾；（六）欲想；（七）五種不男之人；（八）危害之處；（九）譏嫌之事；（十）畜養年少之弟子沙彌小兒。身既遠離此十事，則得常好坐禪，修攝其心，故名身安樂行。

二、口安樂行，謂當遠離四種之語：（一）不樂說人及經典之過；（二）不輕慢他；（三）不讚他，亦不毀他；（四）不生悲恨之心。口能如是，則得安樂修攝其心，故名口安樂行。

三、意安樂行，謂意遠離四種之過：（一）嫉諂；（二）輕罵；（三）以大行訶罵小行之人；（四）爭競。意遠離此四種，則得常好安樂，修養其心，故名意安樂行。

四、誓願安樂行，謂宜於此法華經向不聞不知不覺之眾生，起慈悲心，謂我欲得阿耨菩提，以神通力智慧力引之使入是法中，發此誓願常好修攝自行，故名誓願安樂行。

憨山大師讚譽大師對佛門的貢獻，就如同周公及孔子對儒家的貢獻：「予則謂師為法門之周孔，以荷法即任道也。」蓋大師的戒行德風與圓融教學，並重建完整且實用的佛教體制，其對法門的貢獻極大，所謂「法門之周孔」，乃是實至名歸。憨山大師因而盛讚云：

惟師之才，足以經世；悟，足以傳心；教，足以契機；戒，足以護法；操，足以勵世；規，足以救弊；至若慈能與樂、悲能拔苦，廣運六度，何莫而非妙行耶？

憨山大師稱讚大師的才華足以經邦濟世，其悟性足以傳佛的心印，其教化足以契合眾生的根機，其持戒足以護持正法，其操守足以警勵世人，其規矩足以救濟時弊；至於大師以大慈心能與眾生之樂、以大悲心能拔眾生之苦，廣運菩薩的六度萬行，一一都是妙行。

憨山大師讚歎大師從出世以來，自利利他的全部過程中，沒有一點可以被非議之處，這是何等不容易。總之，大師的智慧、悲心和德行，可謂是佛的全體大用。所以，在末法的時候，若沒有像大師這樣悲智雙運的應身大士，怎麼能夠挽救當時衰頹的風氣？如碑文所云：

（師）出世始終，無一可議者，可謂法門得佛之全體大用者也！非夫應身大士，朗末法之重昏者，何能至此哉？

由於憨山大師也是祖師級的典範，才能夠了解祖師的功德，方能為大師之靈塔撰寫出這麼好的碑文。

憨山大師看過大師臨終前的感嘆文——〈三可惜〉及〈十可嘆〉後，曾語重心長地說道：

讀雲棲老人〈三可惜〉及〈十可嘆〉，滴滴心血也；一字一淚，可勝悲惜悼哉！世人癡不過母愛其子，雖死亦不瞑目，此老人誠是老婆心切於此。嗚呼！世人為兒女癡，菩薩為眾生癡，此視眾如一子之肝腸也。其若子若孫，親蒙其教，至此尚勞老人如此顧復，再四叮嚀，即鐵石亦當墮淚；若為尋常，是為大負恩德也！絕無慚愧，滅絕良心者，非人也，豈稱佛弟子哉！能時時念誦此語，即是老人法身常住。

此外，憨山大師作了五首〈雲棲大師像贊〉，收錄於《雲棲法彙》：

(一)乘願力來，居堪忍界；開淨土門，了慈悲債；建光明幢，秉金剛戒。八十餘年半利生，臨行落得空無礙。若識吾師住世心，是則名為觀自在。

(二)大師有身，不欲全現；故師之心，不能全辯。身如琉璃，心若摩尼；五色圓現，不即不離。唯身與心，內外光潔。故我贊師，實不可說。

(三)觀師之形，不知何因，可望而不可即，可愛而不可親；若水底之明月，似枝上之陽春。音聲色相之外，別有一段精神；唯求之於自心，方始得其真。我何得而稱之哉！

(四)我觀大師，渾身活潑；諸毛孔中，光明透脫；不見面目，如何描摸。縱饒畫得，畢竟不著。宴坐如空，說法如風；捕風捉影，不得其蹤。如空中風，見水中影；多少癡人，開眼打盹。

(五)其容寂，其心密；無內外，不出入。百千三昧，眼裡空花；一切行門，空中鳥跡。不信分身萬象中，癡人却向毫端覓。

收錄於《憨山老人夢遊集》的〈雲棲大師贊〉亦有五首；除了前述之一、四、五外，有兩首不同如下：

(一)以空為居，以慧為命；入眾生心，行普賢行。

不論鱗甲、羽毛，同入平等法性；一味慈悲，十分清淨。

若問吾師甚法門，此中三昧明無諍。

(二)心若空中月，形如鏡裡像；

此是吾師四十年，隨順眾生真榜樣。

大師的在家弟子吳應賓亦造了一首〈雲棲大師像贊〉：

師之目兮，平等一光；師之臂兮，普導群盲；師之舌兮，華開四色；師之身兮，月印千江。戒皮定肉兮，得微妙之心髓；六度四攝兮，作九品之津梁。

大師的在家弟子宋守一（化卿）也作了一首〈雲棲大師像贊〉：

戒德精嚴，霜清玉潔；內外宗乘，法海奔越。

霆轟片語，秋空滿月；普應當機，九品登陟。

禮足三紀，心髓交徹；即始即終，阿彌陀佛。

蕅益大師亦造了三首〈雲棲和尚蓮大師像贊〉：

威而不猛，和而不同；慈心濟物，梵行明功。追蹤往哲，啟迪群蒙。一句彌陀，橫亙豎充；禪關把定，永鎮魔風。我來禮塔，恍睹遺容。咦！私淑未須言嗣法，聊將嗣德附蓮宗！

世競貴奇特，師耑守平常；人盡尚高峻，師獨存謙光。旋萬法而指歸淨土，憫五濁而廣作津梁；聞慈風兮寬鄙敦薄，積善化兮源遠流長。仰遺規以私淑，愧嗣德之未遑！

此是雲棲老漢，肚裡最多思算；諦觀末世法門，百怪千奇沒幹。饒他梵語華言，不出威音那畔；所以旋轉萬流，直指西方彼岸。只圖腳底著實，何必門庭好看。八十餘年暗室燈，聞風猶使頑夫悍。

蕅益大師另於〈十八祖像贊並序略〉中稱譽大師：

專修淨土，教尚戒律。不拈機緣，不稱方丈。不崇殿閣，不侈衣食。平易老實，力挽浮風。凡警策大眾，開示出生死事，未嘗不聲淚俱下。放生結緣，施食作福，不計其數。

清雍正十三年，世宗冊封大師為「淨妙真修禪師」，並御筆作了〈淨妙真修像讚〉，亦即雍正皇帝親自為大師作傳，其末贊曰：

三乘十地，頓漸偏圓；一句具足，法爾如然。作麼一句，阿彌陀佛；方廣等平，圓通明徹。

乾隆皇帝亦讚譽大師云：

一心念六字真言，衣缽何曾傳子孫；

監院歲除依例換，蓮池家法喜猶存。

由後人的追思文，我們可以一窺大師的行誼和風範，真足為學子與世人之楷模。

回顧大師晚年，他預立遺囑保護孝義庵的寺產，讓孝義庵的尼眾得以安心辦道。當聽聞到太素師往生的消息時，年已八旬高齡的大師親自為太素師送行，並在雲棲寺外的西麓為其設立舍利塔。

大師平時將日常生活的「所見」與「所感」，潤以自己的見解，以隨筆記錄的方式，逐漸累積成冊，編為《竹窗隨筆》，並於大師生前便付梓流通；其用意在於整飭行門、平治心地。大師窮其一生亦極力提倡戒殺和放生，國人受到大師的感化，亦紛紛戒殺和放生。

大師臨終前預知時至，向弟子及朋友告別，未久，面向西方念佛，安然圓寂；世壽八十一歲，僧臘五十。弟子為其設立舍利塔於雲棲寺外的東麓。

大師一生慈悲弘法度眾及其廣大精微的論著，利益了無量的眾生；其高超的德行，更是世人的楷模；由憨山、蕅益大師為其所作之贊，便可見一斑。

明末政治黑暗，皇帝荒惰、宦官橫行，更屢有政治紛爭——黨爭；常有人無端受到政治迫害而下獄、甚至枉死，即使是出家僧侶也難以倖免，例如遍融大師、憨山大師和紫柏大師等即是實例。

蓮池大師一生奉行父親和遍融大師的教誨，遠離帶一「官」字，不敢親近王臣。除了弘揚佛法外，大師鮮少與外界往來；雖有達官貴人前來親近大師，僅是聞法求道。大師甚至婉拒慈聖皇太后的延請，入宮接受皇家的供養。因此，大師一生得以身免官方之迫害，實為明代佛教之幸。

大師的一生歷經朝政腐敗、天災兵禍、家庭悲歡離合、世事滄桑；由其行誼，可以窺見大師如何洞見世事無常，於困頓時在佛法中尋得依恃，自度度人，慈悲地承擔起振興佛教的責任，最終造就叢林道場，成為亂世中的明燈。

【註釋】

註一：《容齋隨筆》是南宋洪邁（一一二三至一二〇二）著的史料筆記，被歷史學家公認為研究宋代歷史必讀之書。《容齋隨筆》與沈括的《夢溪筆談》、王應麟的《困學紀聞》，是宋代三大最有學術價值的筆記。「容齋」之意是指「室僅容膝的書齋」。洪邁在《容齋隨筆》卷首說明：

「余老去習懶，讀書不多，意之所之，隨即紀錄。因其先後，無復全次，故目之日隨筆。」

《容齋隨筆》分《隨筆》、《續筆》、《三筆》、《四筆》、《五筆》，共五集七十四卷，一二二〇則；前四集各十六卷，因書未成而作者逝，故《五筆》僅為十卷。

這部書內容範圍頗廣，資料甚富，包括經史百家、文學藝術、宋代掌故及人物評價諸方面內容；最重要的價值和貢獻，是考證了前朝的一些史實，如政治制度、事件、年代、人物等，對歷代經史典籍進行了重評、辨偽與訂誤，提出了許多頗有見地的觀點，更正了許多流傳已久的謬誤；不僅在中國歷史文獻上有著重要的地位和影響，對於中國文化的保存亦意義重大。無怪乎《四庫全書總目提要》推它為南宋筆記之冠。

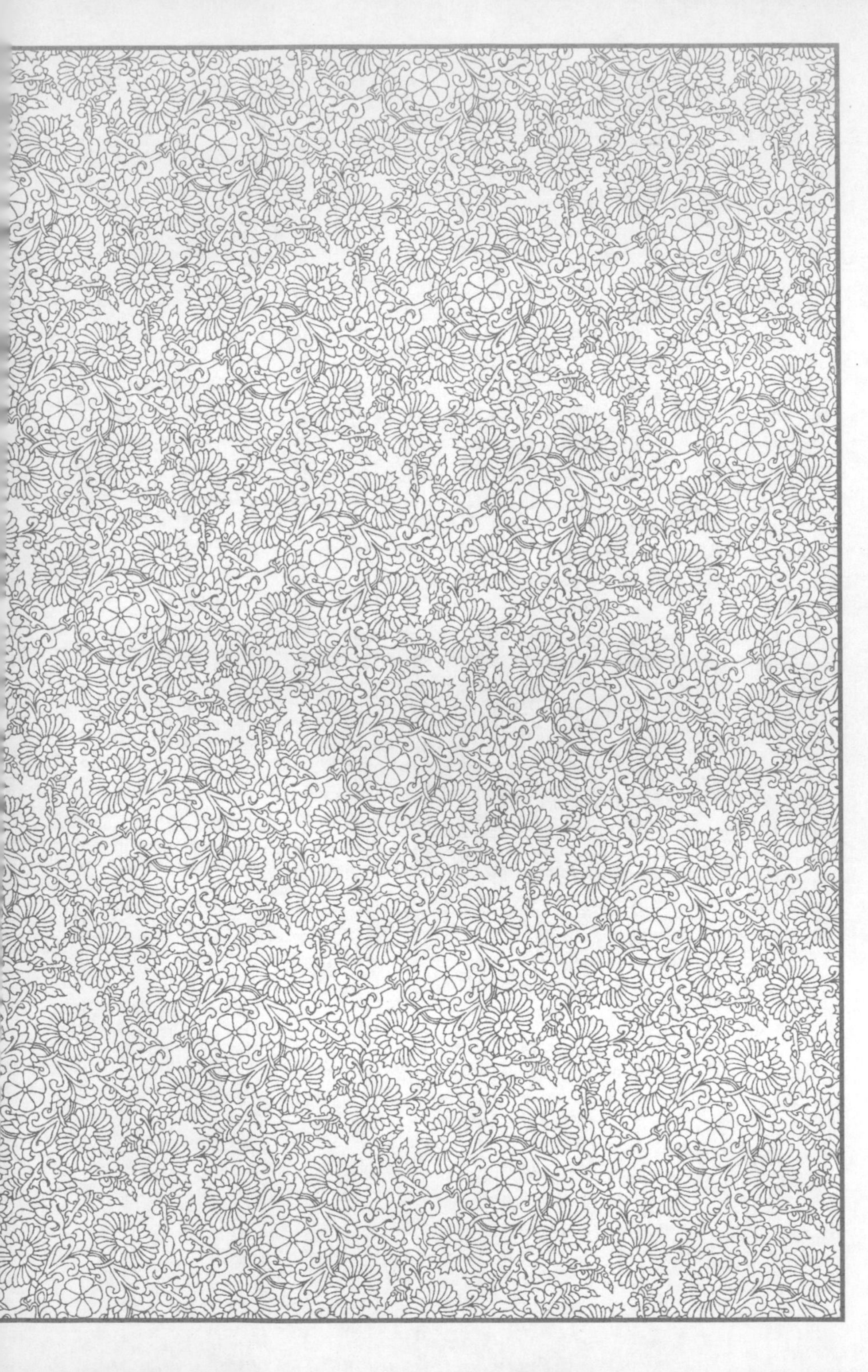

響

壹・廣著群書

平實而易喻，直捷而盡理；如月照百川，清濁並映。能領之者，如飲甘露，無病不瘳！

大師一生的行誼，在本書的「示現篇」作了概括性的介紹。大師一生的修持及對佛法和眾生的貢獻，堪為後世佛弟子的典範；更可貴的是，大師以身作則將佛法實踐於日常生活，並引領雲棲寺僧俗二眾修行外，亦勤於筆耕，隨時提筆記錄其見聞及感觸，以及解釋經論等。

大師主要的著作有：《梵網經戒疏發隱》五卷、《佛說阿彌陀經疏鈔》四卷、《佛遺教經節要》一卷、《具戒便蒙》一卷、《水陸儀規》六卷、《竹窗隨筆》三卷、《往生集》三卷、《淨土疑辯》一卷、《禪關策進》一卷、《楞伽經摸象記》十卷、《緇門崇行錄》一卷、《山房雜錄》三卷。大師圓寂後，這些著作由受業弟子大賢、大雯、大霖等法師及王宇春、鄒匡明等居士多人共同校訂編集成冊，分為釋經、輯古及手著等三類。凡釋經十一冊、輯古十一冊、手著十二冊，全集稱為《雲棲法彙》，值得後世佛弟子探究其奧義。

從這些著述中，我們可以看出大師精通禪、淨、律、教各宗，是佛教的大通家；而且用心良苦地教化弟子，努力扭轉明末的頹勢。這些諄諄教誨，不但俾益當時的民心，亦對後世人心的啟發，帶來極大的影響。因此，大師被後人尊為「明末四大師」之一。

大師的侍者智瑛法師認為，過去所刻版式參差，不甚莊嚴美觀，而且老版難識，便捐出衣鉢之資，募集資金，重新將大師著作匯集並刊刻流通，名為《雲棲法彙》，此為「雲棲版」。之後，《嘉興藏》亦集大師著作，以徑山版嘉興大藏經的方冊本重新刊刻後收錄，並流通於世，是為「嘉興版」。清代悟開法師讚譽此書為「真度世之寶筏，法門之柱石」。

現今流通的版本是清光緒二十五年（一八九九）由金陵刻經處（註一）重刻

刊行成書的，增補雲棲遺稿、雲棲規約、雲棲紀事、雲棲塔偈讚等數部。

西元二〇一一年，由明學主編，依據清代刻本《雲棲法彙》重排出版，匯集了現存大師所有的著作，而成《蓮池大師全集》，共有三冊；第一冊是釋經，第二冊是輯古，第三冊是手著。

大師在明末享有盛名，其門下弟子數千人，著名的出家弟子，如廣孝、廣應、廣心、大真、大賢、仲光、廣潤等法師；而在家弟子和私淑弟子則不計其數，如宋應昌、陸光祖、張元、馮夢禎、陶望齡等都曾受過大師的感化，其中居士很多是海內知名的人士。

憨山大師於〈雲棲老人全集序〉中盛讚大師之著作：

予讀雲棲大師集，三復而興歎焉！……求其平實而易喻，直捷而盡理；如月照百川，清濁並映。能領之者，如飲甘露，無病不瘳！

近代高僧太虛大師亦極為讚歎大師，認為大師是「淨土宗上下千古最圓純的一人」：

由賢教修淨土，須至雲棲袾宏，始卓然為一代大師。雲棲法彙百餘卷，皆教宗賢首，行專淨土，而融通禪律，集各家教義之至文。不惟明季以來，淨土宗風之暢盛得力於師，亦為淨土宗上下千古最圓純的一人。

聖嚴法師則於《明代佛教研究》中指出，由大師的著述中可了解到，大師畢生有戒律、淨土、禪宗等「三大事業」：

雲棲一生，可以從他的著述而判明，共有三大事業：一、提倡律儀生活，所以他有菩薩戒、具戒、尼戒、沙彌戒的著述。二、弘揚淨土法門，所以他有《阿彌陀經疏鈔》等七種關於淨土的著述。三、正視禪法的功能及其實力，所以他有《禪關策進》的編集。他是以戒律生活為修行的基礎，以禪法為修行生活的功能，以淨土為修行生活的指歸。

大師的著述皆有其精闢的見解，其思想博大精深，足以扭轉當時的邪知邪見，為動盪的社會注入一股安定力，帶給世人極大的慰藉和光明。茲就大師幾部具有代表性的著作，簡述如下。

《佛說阿彌陀經疏鈔》

大師對《佛說阿彌陀經疏鈔》的撰寫極為用心，但因未見此書的序文或跋，故不知其撰著的年代。由書中的自述可知其撰作的動機：

> 慨古疏尠見其全，惟數解僅行於世。辭雖切而太簡，理微露而不彰，不極論其宏功。

大師認為，《阿彌陀經》的古疏太少，而且少見全文，只略舉大要，未能完整彰顯其經義，故引發大師撰著的動機。

《佛說阿彌陀經疏鈔》係大師仿澄觀大師的《華嚴經疏鈔》的方式，對《佛說阿彌陀經》作了自疏自鈔，並採取「十門」釋經的方式；如此一來，便將淨土法門提升到華嚴圓教的層次（分屬圓教），使淨土法門亦具有華嚴宗圓融無礙的特色。

大師在《佛說阿彌陀經疏鈔》中，對《佛說阿彌陀經》的教理判釋，是採用華嚴家的主張。大師依賢首大師五分判教釋，認為就教相而言，《佛說阿彌陀經》為頓教所攝，並且兼通前後二教（即終教與圓教）：「此經攝於頓者，蓋謂持名即生，疾超速證，無迂曲故。」

大師認為：「此經攝於頓教，少分屬圓。」又解釋云：「分屬圓教者，圓之為義，謂四法界中，前三通於諸教，後一獨擅乎圓。今此經者，圓全攝此，此分攝圓，得圓少分，分屬圓故。」並以十義說明，而後說「圓教全攝此經，此經分攝圓教，以少分義故，名分圓也。」也就是將《阿彌陀經》提升到分圓的地位，而與華嚴圓教會通。

至於蕅益大師對《佛說阿彌陀經》的教理判釋，則是採用天台宗的主張。他認為《佛說阿彌陀經》為圓教，並稱《佛說阿彌陀經》是「華嚴奧藏，法華祕髓，一切諸佛之心要，菩薩萬行之指南。」亦即《佛說阿彌陀經》具足《華嚴經》奧妙的寶藏，以及《法華經》成佛的祕髓，亦是一切諸佛心要的義理，可作為一切菩薩的六度萬行之指南。

依此可言，《佛說阿彌陀經》經文雖然不長，其義理包含了釋迦牟尼佛四十九年所說的一切經，亦可以說整部《大藏經》就是《佛說阿彌陀經》的註解。大師的《佛說阿彌陀經疏鈔》是《佛說阿彌陀經》最詳細的註解，蕅益大師的《佛說阿彌陀經要解》則是最精要的註解，這兩部註疏可謂是《佛說阿彌陀經》註解的權威。

《佛說無量壽經》主要令眾生建立信心和願力，而《佛說阿彌陀經》，就是「行」；眾生依持《佛說無量壽經》，斷疑生「信」並發「願」，之後依《佛說阿彌陀經》專持「阿彌陀佛」是「行」。如此一來，「信願具足，執持名號」，必定得以往生極樂世界。

蕅益大師在《佛說阿彌陀經要解》中，讚歎大師的《佛說阿彌陀經疏鈔》：

古來註疏，代不乏人；世遠就湮，所存無幾。

雲棲和尚著為《疏鈔》，廣大精微。

聖嚴法師於《明代佛教研究》中，認為大師對《阿彌陀經疏鈔》的撰作，用力極多，用心極深，指望也極高：

雲棲由於《阿彌陀經》的古疏太少，並且簡而不彰，所以發心依據彌陀淨土的「部類五經」為疏釋的資料，又以提倡《文殊說般若經》專稱名號的一行三昧，為其目的，同時以華嚴性海為根本。至於徵引其他諸書，不過是為了顯示淨土教的博大精深。本書引用大小乘佛經約三十種、論典四種、中國先賢的著述十七種。用得比較多的，則為《大阿彌陀經》、《文殊說般若經》、《楞嚴經》、《觀無量壽佛經》、《華嚴經》、《大乘起信論》、《大智度論》、智者大師《十疑論》、天如《淨土或問》等。也可以說，雲棲的淨土思想，便是環繞著這些經論在發揮。

聖嚴法師指出，《阿彌陀經疏鈔》是以《大乘起信論》的真如一心、及《華嚴經》的清淨唯心作為「一心不亂」說之思想的基盤，以《文殊說般若經》的「一行三昧」作為修行持名念佛的有力旁證。

《竹窗隨筆》

大師仿照南宋洪邁的筆記，將日常生活的「所見」與「所感」，潤以自己的見解，隨手提筆記錄下來；這些隨筆記錄的內容多元化而且豐富，具有教化的寓意。於是，大師晚年將之整理成冊，並印刷成書，取名《竹窗隨筆》，廣與眾生結法緣。

茲就《竹窗隨筆》中的數篇文章，簡單闡述如下。

〈世智當悟〉

智有二：有世間智，有出世間智。

世智又二：一者博學宏辭，長技遠略，但以多知多解而勝乎人者是也。二者明善惡、別邪正，行其所當行而止其所當止者是也。僅得其初，是謂狂智，當墮三塗；兼得其後，是謂正智，報在人天。何以故？德勝才謂之君子，才勝德謂之小人也。

出世間智亦二：一者善能分別如來正法，四諦、六度等，依而奉行者是也。二者破無明惑，如實了了見自本心者是也。僅得其初，是出世間智也，名為漸入；兼得其後，是出世間上上智也，乃名頓超。何以故？但得本，不愁末。得末者，未必得本也。今有乍得世智初分，便謂大徹大悟者，何謬昧之甚！

大師認為，智慧可分為兩種：一種是世間智，另一種是出世間智。世間智又可分為兩種。一種是學問廣博、能言善辯、技藝出眾、深謀遠慮；這些人大都是以知識豐富、頭腦靈活而勝過普通的人。另一種是能認清善惡、辨別邪正，凡是符合道義的便勇往直前去做，違背道義的則堅決不做。這兩種世間智中，如果只具有前者，這種智慧只能稱為狂智；仗此狂智造業，則當墮落三途（地獄——火途、餓鬼——刀途、畜生——血途）。若能兼具後者，這種智慧才可稱為正智，依此正智斷惡修善，將來可得人天的果報。為什麼呢？凡是注重品德修養而不炫耀才華的人，稱為君子；反之，喜歡賣弄才華而輕忽品德的人，便是小人。

出世間智也分為兩種：一種是善於思惟佛所說的四諦（即苦、集、滅、道等四種真理）、六度（即布施、持戒、忍辱、精進、禪定和智慧等六波羅蜜）等諸法，並能依教奉行的人；另一種是斷盡無明煩惱、通達諸法實相，徹見自心本具佛性的人。

在這兩種出世間智中，僅得前一種，雖可稱為出世間智，但名為漸入；兼得後一種，便是出世間上上智，名為頓超。為什麼？因為，明心見性是根本，其餘皆屬枝節；只要得到根本，自然不愁不具枝節；如果只是得到枝節，未必能得到根本。當今有些人，剛得到世間智的皮毛，便自以為大徹大悟，真是荒謬愚昧到極點！

〈佛經不可不讀〉

予少時見前賢闢佛，主先入之言，作矮人之視，罔覺也。偶於戒壇經肆，請數卷經讀之，始大驚曰：「不讀如是書，幾虛度一生矣！」今人乃有白少而壯、而老、而死，不一過目者，可謂面寶山而不入者也。又一類，雖讀之，不過採其辭，致以資談柄、助筆勢，自少而壯、而老、而死，不一究其理者，可謂入寶山而不取者也。又一類，雖討論，雖講演，亦不過訓字銷文、爭新競高，自少而壯、而老、而死，不一真修而實踐者，可謂取其寶，把玩之、賞鑑之、懷之、袖之而復棄之者也。雖然，一染識田，終成道種。是故佛經不可不讀。

大師指出，他在年少的時候，見前輩批判並駁斥佛理，便因有這般先入為主的錯誤成見，也跟著以短淺見識而藐視佛法。後來，偶然在某個戒壇的佛經流通處請得數卷佛經閱讀，才大吃一驚地感歎：「假如沒有讀到這些佛經，差點兒虛度一生啊！」現在有許多人，從少年、壯年、老年，一直到死，從來不曾看過佛經，或以為佛經不屑一讀，這些人可說是面對寶山，而不想入山取寶。又有一類人，雖讀佛經，只不過是為了節錄佛經中的辭句，藉以充實自己談論的資料、助益文章寫作的內容。這些人自少年、壯年、老年，一直到死，從來沒有認真探究佛經的義理，可謂其雖入了寶山，仍沒有取寶。

又有一類人，雖然研究討論佛經義理，或對人講解佛經，也不過是依文解義，或是標新立異以顯高明。這些人自少壯到往生，從來沒有依著經教而真修實踐，可說是把取到手的寶物，當作玩物鑑賞，等到興致索然時，便把寶物丟棄。儘管如此，只要我們的八識田能夠沾染薰習佛經的文字，終究能因此而修行成佛。所以說，佛經不可不讀！

〈輪迴根本〉

《圓覺》謂輪迴以愛欲為根本；而此愛欲，百計制之，莫可除滅；蓋賁育無所施其勇，良平無所用其智，而離婁、公輸無所著其明巧者也。雖不淨觀正彼對治，而博地凡夫障重染深，祇見其淨，不見其不淨，觀法精微，鮮克成就。然則竟如之何？經云：「欲生於汝意，意以思想生。」今觀此想，復從何生？研之究之，又研究之，研之不休，究之不已，老鼠入牛角，當必有倒斷處。

大師在此指點如何斷絕輪迴之根本。如《圓覺經》云：「一切眾生從無始際，由有種種恩愛、貪欲故有輪迴。」意即愛欲是生死輪迴的根本。而此愛欲，雖千方百計想制伏它，都無法除滅；即使像孟賁（戰國時代勇士，因力大而聞名）、夏育（東漢靈帝時將領，傳說能力舉千鈞）那樣的力士，也無法用他們勇猛的氣力除滅愛欲；即使像張良（漢高祖謀臣，漢朝開國元勳之一，與蕭何、韓信為漢初三傑）、陳平（漢初名相，不僅精通兵法計謀，也善於官場權謀，不輸漢初三傑）那樣的謀士，也無法用他們的才智除滅愛欲；就連離婁（黃帝時期人物，相傳能視百步之外、見秋毫之末）、公輸班（春秋時期的著名工匠）那樣技藝超絕的人，也無法用他們高明巧妙的技藝除滅愛欲。

雖然佛經中教我們用不淨觀對治愛欲；然而，博地凡夫的業障煩惱深重，色相現前時只見其清淨、美妙，而不見其不淨、醜惡。如此一來，雖然不淨觀法精深微妙，卻很少有人能夠修成功的。

那麼，應當如何對治愛欲呢？佛經上說：「欲生於汝意，意以思想生。」所以，吾人必須直接觀照這個愛欲的念頭，到底是從何處產生？不斷地研究，仔細地追尋妄想的根源，如同將老鼠逼入牛角般，必定有可斷絕之處。

〈六道互具〉

六道之中，復有六道。且以人言之，有人而天者，諸國王大臣之類是也；有人而人者，諸小臣及平民，衣食饒足，處世安然之類是也；有人而修羅者，諸獄吏、屠兒、劊子之類是也；有人而畜生者，諸負重力役，恆受鞭撻之類是也；有人而餓鬼者，諸貧窮乞人，啼饑號寒之類是也；有人而地獄者，諸刑戮剮割之類是也。天等五道亦復如是。所以然者，昔因持戒修福，今得人身，而所修戒福有上中下，此三種中復有三種，多多無盡，各隨其心，感報不一。經云「一切唯心造」，又觀於是，尤信。

如大師所言，人間便可見六道；在六道中的每一道中，實亦皆含六道。以人道來說，有的人受用如意、威勢顯赫，過著「天道」般的生活，像國王大臣這類的人。有的人能恪守做人的本分，像那些位階較低的官員以及平民百姓，衣食豐足、處世安然的過著正常「人道」生活。有的人內心凶狠，過著「阿修羅」般的打殺生活，像是獄吏以及專以殺生為業的屠夫、劊子手這類的人。有的人身勞心苦，像那些從事苦力勞動，常受主人鞭撻怒罵的奴隸、僕役這類的人，便過著「畜生」般的生活。有的人常受饑寒之困，例如那些貧窮人家、乞丐，這類為饑寒交迫而呼號的人，則過著「餓鬼」般的生活。有的人淒慘之極，過著「地獄」般的生活，像那些慘遭刑罰的囚犯。人道中便有六道之別，其他五道也是如此。

過去世中曾經持戒修福，今世才能夠得到人身。而人道中之所以有六道的差別，是因為所修的戒福有上、中、下三種等級之分；這三種等級中又各分上、中、下三種，如是推之，就演變成各式各樣的類別。這些都是隨著各人自心所造的業因，而感得不同的果報。《華嚴經》云「一切唯心造」；若能對這些現象細心觀察，由果推因，對這句經文就會更加深信不疑。

總之，大師針對當時的社會現象，提出其看法及忠告，以期改善社會風氣。閱讀《竹窗隨筆》，有益於讀者建立正確的知見，並可一窺明末佛教及社會風俗等概況。

《自知錄》

大師在年輕時，看見《太微仙君功過格》而深感欣喜，立即助印贈人。年邁時，再次翻閱此書，內心依舊法喜悅充滿。於是，便將之稍加刪除訂正，及增添一些內容，編纂而成書。

大師認為，人最大的問題就是不了解自己。倘若我們知道某事是壞事，便會害怕不做；若是知曉這是好事，則會歡喜樂做；但是，如果不知道其為壞事或善事，則不知道是否可以做。因此，大師便將此書命名為《自知錄》，吾人可藉以了知是善事或壞事，來決定是否可以做，並加以評量及記錄。

《自知錄》將善惡業分成善門與過門，並各分成五類：一、忠孝類／不忠孝類；二、仁慈類／不仁慈類；三、三寶功德類／三寶罪業類；四、雜善類／雜不善類；五、補遺。茲就其內容各舉三項條目。

首先是善門——

一、忠孝類：

（一）事父母致敬盡養，一日為一善。守義方之訓，不違犯者，一事為一善。父母歿，如法資薦，所費百錢為一善。勸化父母以世間善道，一事為十善。勸化父母以出世間大道，一事為二十善。（凡言百錢，謂銅錢百文，正准銀十分，不論錢貴錢賤。）

（二）事繼母致敬盡養，一日為二善。敬養祖父母同論。

（三）事君王竭忠效力，一日為一善。開陳善道，利益一人為一善，利益一方為十善，利益天下為五十善，利益天下後世為百善。遵時王之制，不違犯者，一事為一善。凡事真實不欺，一事為一善。

二、仁慈類：

（一）救重疾一人為十善，輕疾一人為五善。施藥一服為一善。路遇病人，輿歸調養，一人為二十善。若受賄者，非善。（受賄，謂得彼人金帛酬謝。）

（二）救死刑一人為百善，免死刑一人為八十善，減死刑一人為四十善。若受賄徇情者，非善。救軍刑、徒刑一人為四十善；免，為三十善；減，為十五善。救杖刑一人為十五善；免，為十善；減，為五善。救笞刑一人為五善；免，為四善；減，為三善。以上受賄者非善，偏斷不公者非善。居家減免婢僕之屬同論。（救，謂非自己主事，用力扶救是也；免，謂由自己主事，特與恕免是也；偏斷者，謂非據理詳審，唯任意偏斷，反釋真犯是也。）

（三）見溺兒者，救免收養，一命為五十善。勸彼人勿溺，一命為三十善。

收養無主遺棄嬰孩，一命為二十五善。

三、三寶功德類：

（一）造三寶尊像，所費百錢為一善。諸天、先聖、治世正神、賢人君子等像，所費二百錢為一善。重修者，同論。（「諸天」，謂欲、色、無色三界之天人等，及道教天尊、真人、神君等；「先聖」，謂堯、舜、周、孔等；「正神」，謂岳瀆、城隍等；「賢人君子」，謂忠臣、孝子、義夫、節婦等。）

（二）刊刻大乘經律論，所費百錢為一善。二乘及人天因果，所費二百錢為一善。若受賄者，非善。印施流通者，同論。（賄，謂取價貨賣等。人天，謂佛菩薩所說五戒十善，及世間正法、《六經》、《論語》、《孟子》、先聖先賢嘉言善行等。）

（三）建立三寶寺院庵觀，及床座、供器等，所費百錢為一善。施地與三寶，所值百錢為一善。護持常住，不使廢壞者，同論。建立諸天、正神、聖賢等廟宇，所費二百錢為一善。用葷血祭祀者非善。

四、雜善類：

（一）不義之財不取，所值百錢為一善。無害於義，可取而不取，百錢為二善。處極貧地而不取，百錢為三善。

（二）當欲染境，守正不染，為五十善。勢不能就而止者，非善。

（三）借人財物，如期而還，不過時日者為一善。

五、補遺：

凡救人一命為百善。

其次是過門——

一、不忠孝類：

（一）事父母失敬失養，一事為一過。違犯義方之訓，一事為一過。父母責怒，生瞋者為一過，抵觸者為十過。父母所愛，故薄之，一事為一過。

父母沒後，應資薦不資薦，一度為十過。父母有失，不能善巧勸化，一事為一過。

（二）不敬養祖父母、繼母，一事為一過。

（三）事君王不竭忠盡力，一事為一過。當直言不直言，小事為一過，大事為十過，極大事為五十過。違犯時王之制，一事為一過。虛言欺罔，一事為一過。

二、不仁慈類：

（一）重疾求救不救，一人為二過。小疾一人為一過。無財無術而不救者，非過。

（二）修合毒藥為五過，欲害人為十過，害人一命為百過，不死而病為五十過。害禽畜一命為十過，不死而病為五過。

三、三寶罪業類：

（三）咒禱厭詛，害人一命為百過，不死而病為五十過。

（一）廢壞三寶尊像，所值百錢為二過。廢壞諸天、治世正神、賢人君子等像，所值百錢為一過。葷血邪神惑世者，非過。

（二）以言謗斥佛、菩薩、羅漢，一言為五過。謗斥諸天、正神、聖賢，一言為一過。斥邪救迷，出於真誠者，非過。

（三）禮佛失時為一過。因病、因正事非過。葷辛、酒肉、觸欲，失時為五過。六齋日犯者，加一倍論。

四、雜不善類：

（一）取不義之財，所值百錢為一過。處大富地而取者，百錢為二過。

（二）欲染極親為五十過，良家為十過，娼家為二過，尼僧、節婦為五十過。見良家美色，起心私之為二過。

（三）盜取財物，百錢為一過。零盜積至百錢為一過。瞞官偷稅者同論。威取、詐取，百錢為十過。

五、補遺：

（一）無故殿上行、塔上登者，為五過。殿塔上葷酒汙穢者，為十過。

（二）受賄囑託擢官、出罪等，五百錢為一過。受賄囑託壞官、入罪等，五百錢為十過。

簡言之，《自知錄》是把善惡業以功過格的量化形式，勸導人民修善去惡，並增添《太微仙君功過格》勸善止惡的內容，加入佛教倫理的內涵。倘能每日用心觀察自己的言行舉止，加以記錄與反省，則會善門日益增多，過門日益減少，內心亦能日益清淨。

【註釋】

註一：金陵刻經處是中國著名的佛教文化機構，近代中國佛教復興運動的策源地，於清同治五年（一八六六）由楊仁山居士創辦。楊居士在此講學的四十多年裡，刻印流通佛教經典百萬餘冊，印刷佛像十萬餘張，並且設立了「祇洹精舍」、「佛學研究會」等教育機構，至此參學過的人士包括太虛法師、歐陽竟無、章太炎等。

一九二二年，歐陽竟無、呂澂在刻經處建立支那內學院，研究唯識學；來此學習過的人包括梁啟超、梁漱溟、熊十力、湯用彤、黃懺華等。

一九八〇年代，經中國佛教協會會長趙樸初的推廣，刻經處逐漸復興。刻經處較完整保存了中國雕版印刷、木刻水印、線裝函套等傳統工藝，稱得上是全世界漢文木刻佛經的出版中心。

貳・思想與修持

若能一心念佛，諸惡不敢入，即戒也。……若一心念佛，心不異緣，即定也。……若觀佛聲，字字分明，亦觀能念所念，皆不可得，即慧也。

從大師廣博的著述中，我們瞭解到，大師主要的思想與修持，對其自身、眾生及教法，皆有深遠的貢獻及影響。茲列出大師之重要思想與修持如下。

戒律思想與修持

佛陀將入涅槃時，阿難問佛：「佛在世時，我們以佛為師；佛滅度後，大眾以何為師呢？」佛言：「以戒為師。」所謂「律者，佛之身」，戒律乃成就三千威儀、八萬細行之根本。佛陀以大悲心，殷重囑咐弟子修行之要，首先強調「持戒」的重要性。

佛陀曾云：「於我滅後，當尊重珍敬波羅提木叉，如闇遇明，貧人得寶。當知此則是汝大師，若我住世，無異此也。」又說：「戒是正順解脫之本，故名波羅提木叉。因依此戒，得生諸禪定，及滅苦智慧。」

「波羅提木叉」即「戒」，為梵文 Pratimokṣa 之音譯，包含「隨順解脫」、「處處解脫」、「別解脫」、「最勝」、「無等學」等意；由其「解脫」及「最勝」之意涵，可見「戒」之殊勝及重要性。

由佛陀之遺言可知，所謂「毗尼住世，佛法住世」，如果能持守淨戒，則與佛住世無異，令佛法久住於世；而且行者能因持守淨戒，由戒生定，因定發慧，可以解脫生死大海，出離輪迴。如《首楞嚴義疏注經》云：

佛告阿難，汝常聞我毘奈耶中，宣說修行三決定義。所謂：攝心為戒，因戒生定，因定發慧，是則名為三無漏學。

佛陀制定的戒律，可分為三大類：別解脫戒、菩薩戒和密乘戒。別解脫戒依受持者的身分不同，可分為七種，又稱七眾別解脫戒，即優婆塞、優婆夷、沙彌、沙彌尼、式叉摩尼、比丘、比丘尼。

菩薩戒可分為出家菩薩戒和在家菩薩戒兩種。菩薩戒的內容主要為三聚淨戒，也就是「攝律儀戒」、「攝善法戒」、「饒益有情戒」等三類，亦即聚集了持守律儀、修諸善法、度化眾生等三大門的一切佛法，屬於菩薩重要的戒律，應該謹慎持守，並且發「自度度人、自利利人」的菩提心，如此才不失受大乘菩薩戒的真義。正如《華嚴經》云：「戒為無上菩提本，應當一心持淨戒；若能堅持於淨戒，是則如來所讚歎。」

菩薩戒涵蓋七眾別解脫戒，超勝一切別解脫戒的功德，而且是過去七佛戒法，這是菩薩戒的殊勝處。如《梵網經》提到：過去莊嚴劫千佛、現在賢劫千佛，都是由於受持菩薩戒而成佛；未來星宿劫中的千佛，仍須受持菩薩戒才能成佛。所以，菩薩戒是諸佛本源，是菩薩的根本，也是一切佛弟子成就佛道的根本，如《梵網經》云：

金剛寶戒，是一切佛本源，一切菩薩本源，佛性種子。一切眾生皆有佛性；一切意識色身，是情是心，皆入佛性戒中。

《梵網經》並記載，受持菩薩戒有五種利益：

一、感得十方諸佛愍念、守護。

二、臨命終時正見，心生歡喜。

三、所生之處，與諸菩薩為友。

四、功德多聚，戒度成就。

五、今世後世，性戒福慧圓滿。

此外，若是佛滅度後，千里內沒有法師，即可在佛像前自誓受菩薩戒，不同於比丘戒，至少須五位如法的比丘才可以傳戒，亦不可在佛像前自誓受比丘戒。

密乘戒則是行者受無上瑜伽密續所須受持的戒律，在此不予敘述。

明代佛教發展很快，由於出家的條件寬鬆，致使僧眾良莠不齊，許多的佛寺戒律鬆弛。由於不重視戒律，自然不會想要學戒，不知道戒法的開遮持犯及作持；僧眾只是虛有出家之相，而無真實的僧人行誼。

此外，世宗嘉靖以後，出家人的度牒（身分證）變成交易的物品。有些人想逃避服兵役或國家的義務勞動，就花錢買度牒，成為名義上的僧尼；為了龐大軍費或救濟災荒，朝廷亦出售度牒，以換取錢糧。如此一來，造成僧尼的素質良莠不齊，甚至有犯罪者為了隱匿而以出家相示人。久而久之，「僧眾」犯戒違規的情況嚴重。

大師看到當時佛門的衰頹，所謂「教網滅裂，禪道不明，眾生業深垢重，以醍醐而貯穢器」的現狀，他提出：「戒為基本；基不立，定慧何依？思行利導，必固本根」，主張以「精嚴律制為第一行」。因此，大師以身作則，嚴格要求自己，從而教化弟子。大師生活質樸，不尚奢華，自訂三十二條戒律，終身遵守，早晚功課一日不缺。因此，得到朝廷官員與弟子的敬重。

有關別解脫戒方面，大師著有《沙彌律儀要略》、《沙彌尼比丘尼戒錄要》、《具戒便蒙》、《半月誦戒儀式》等，作為佛弟子奉行的依準。

由於當時南北戒壇久被禁止，大師令受戒者自備三衣，於佛前受戒，而為其作證明。大師的倡導，也影響到蕅益大師；蕅益大師在二十五歲時，便在蓮池大師的靈塔（法像）前，自己求受比丘戒。後來，蕅益大師深入律藏之後，才知道這樣的受戒方式是無法得到戒體的；因為，若是想要受比丘戒，必須至少有五位如律的比丘依儀軌傳授，才能得到戒體。

根據比丘戒傳法，一般須有十位如法的比丘（三師七證），邊地至少也要有五位如法的比丘，才有資格依儀軌傳戒，求受者才能得到戒體。不像菩薩戒，若沒有具資格的阿闍黎，自己可在佛像前自受菩薩戒，也可以得到戒體。

大師規定，弟子受戒後，雲棲寺僧團須每半月誦《梵網經菩薩戒》及《比丘諸戒品》；每逢寺內布薩羯磨時，依律舉功過，行賞罰，以進退人，凜若冰霜，威如斧鉞，絲毫無錯謬。其住持的道場，規約甚嚴格，出《僧約十條》、

《修身十事》等示眾；各堂執事職責明確，夜必巡警，擊板唱佛名，聲傳山谷。

有關菩薩戒方面，大師所著的《梵網經心地品菩薩戒義疏發隱》，略稱《菩薩戒疏發隱》或《戒疏發隱》，共計五卷，是依據智者大師的《梵網菩薩戒經義疏》（略稱《義疏》）為藍本，補充編纂而成的；外加《誦戒儀式》、《發隱事義》、《菩薩戒發隱問辯》。

大師的《菩薩戒疏發隱》影響到後世的佛弟子，諸如明代清初的三昧寂光法師（一五八〇至一六四五），為律宗千華派創始人，其著有《梵網經直解》（略稱《直解》）；在犙弘贊法師著有《梵網經菩薩戒略疏》（略稱《略疏》）；德玉順硃法師（三昧寂光法師弟子）著有《梵網經順硃》（略稱《順硃》）。這三位法師，都尊崇和參考天台宗智者大師的《梵網菩薩戒經義疏》及大師的《菩薩戒疏發隱》。如三昧寂光法師的《梵網經直解》卷末自云：「直解義，唯備自觀；若大智者，應閱雲棲大師《戒疏發隱》。」

此外，大師亦著有《諸經日誦集要》、《法界聖凡水陸勝會修齊儀軌》、

《瑜伽集要施食儀軌》、《施食補注》等，作為佛門的日常課誦和法會儀軌。

淨土思想與修持

關於淨土宗，可能會聯想到念佛。在原始佛教的經典，可以看到佛陀教導弟子修習六念法（即念佛、念法、念僧、念戒、念施、念天）或十念法（即念佛、念法、念僧、念戒、念施、念天、念休息、念安般〔出入息〕、念身非常、念死），而「念佛」則是六念法或十念法之首。

這些經文散見於《長阿含經》、《中阿含經》、《雜阿含經》和《增一阿含經》中。佛陀教導弟子藉由專心憶念並觀想佛的形相及功德，包括觀想佛的身體、顏貌及佛的戒、定、慧、解脫、解脫知見等「五分法身」，如此經常攝心念佛，可以不生起煩惱心；而且令心生起諸多善功德，對於佛法生起歡喜心，並覺受安樂而能安定其心，趣入佛法的智慧大海，達到個人的解脫。簡言之，藉由憶念佛的形相和功德，不但消除眾生的憂悲苦惱，而且來世不生惡趣，甚至達到個人的解脫。

大乘佛教廣泛提到十方諸佛及其剎土，例如阿彌陀佛之極樂世界、藥師佛之琉璃世界、不動（阿閦）佛之妙喜世界、觀世音菩薩之普陀世界和彌勒菩薩之彌勒內院（在兜率天）等。其中，對華人而言，阿彌陀佛和觀世音菩薩更可謂是家喻戶曉的佛菩薩；正如俗諺云：「家家阿彌陀，戶戶觀世音」，百姓對其佛號琅琅上口。此處的「念佛」，則是希望藉由憶佛、念佛，來世往生佛國淨土。

有關淨土法門的經論，目前中國流傳最廣的淨土經論為五經一論，即《佛說無量壽經》、《觀無量壽佛經》、《佛說阿彌陀經》、《華嚴經．普賢菩薩行願品》、《楞嚴經．大勢至菩薩念佛圓通章》、以及世親菩薩所造之《往生論》。歷代以來，尚有諸多的高僧大德，撰著淨土經論的註釋本。

在中國佛教中，有關念佛法門的淵源，最早始於東晉道安法師；其著有

《淨土論》六卷，但此書乃是宣導往生兜率天的彌勒淨土。之後，其弟子慧遠大師結白蓮社念佛，力倡念佛三昧，以期能往生西方極樂淨土，親聞阿彌陀佛說法，慧遠大師因而被尊為中國淨土宗初祖。如修嚴法師所著《中國淨土宗的祖師傳記之研究》所言：

在中國弘佈的淨土教，雖創傳自後漢末葉，由月氏來華的僧人支婁迦識等所譯出的淨土教典，經三國、兩晉的長時間流傳，漸受到國人的信仰，然卻要到東晉末年，由於廬山東林慧遠大師的提倡結社念佛，始真正得以發揚，而展開了新頁。

經北魏的曇鸞之歸心淨土，並致力於彌陀淨土教義的闡發宣揚與專修念佛，此一法門開始光大！延至隋唐的道綽、善導，先後繼起宏揚，彌陀淨土的教義與宗旨始充分地顯發出來，奠定了此後不拔的塞石，歷久而彌見盛行。

淨土宗的祖師

淨土宗的歷代祖師，乃是由後世佛弟子所推舉，其標準是根據每位高僧修持的成就以及其弘揚淨土宗的貢獻。由於淨土宗的祖師沒有傳承的制度，亦沒有譜系，也不像禪宗乃「以心印心」之認可方式；因此，在南宋以前，並沒有淨土宗立祖一說。

淨宗立祖之說，乃始於宋朝。南宋的宗曉法師（一一五一至一二一四）立了「蓮社」六祖（當時尚未立宗），以慧遠大師為蓮社始祖，依序是善導大師、法照大師、少康大師、省常大師、宗頤大師等五人。

宗曉法師編有《樂邦文類》，在此書的卷三〈蓮宗繼祖五大法師傳〉云：

蓮社之立，既以遠公為始祖，自師歸寂，抵今大宋慶元五年己未，凡八百九年矣。中間繼此道，乃有五師：一曰善導師、二曰法照師、三曰少康師、四曰省常師、五曰宗頤師。是五師者，莫不仰體佛慈，大啟度門，異世同轍，皆眾良導。傳記所載，誠不可掩。以故錄之，為繼祖焉。

之後，志磐法師在其撰著的《佛祖統紀．卷二十六》提及：

四明石芝曉法師（即宗曉法師），取異代同修淨業、功德高盛者，立為七祖。今故遵之，以為淨土教門之師法焉。

換言之，宗曉法師只立了蓮社六祖，志磐法師則在這六祖中刪去宗頤大師，並增加承遠大師及延壽大師，成為蓮社七祖；其依序為慧遠大師、善導大師、承遠大師、法照大師、少康大師、延壽大師及省常大師等七位大師。因此，蓮社七祖之說乃是志磐法師在宗曉法師的基礎上增減而成的。此時仍未有淨土宗的稱謂。

元朝東林寺普度法師，因為當時白蓮教假借佛教教義、別有作用，於是他撰著《蓮宗寶鑑》十卷，又著《廬山復教集》一卷，自稱是「白蓮宗」。在其奏文闡明宋高宗的子元禪師提倡念佛，倡導念佛大旨。自此以後，「淨土宗」的名稱始廣為使用，而立祖之說尚未確定。

到了清朝中葉，才將宗曉法師、志磐法師的蓮社七祖，和淨土宗的名稱相提並論，並增添明代的蓮池大師為淨土宗第八代祖師。

清道光年間，悟開法師增推明末的蕅益大師為第九祖，清初的省庵大師、徹悟大師依次為第十、十一祖。

民國年間，印光大師又改推清初的截流大師為第十祖，省庵大師、徹悟大師則變成為第十一祖、十二祖。印光大師圓寂後，其弟子加推其為第十三祖，便有淨土宗十三祖之說。至此，淨土宗十三祖的譜系，方告圓滿。

茲就淨土宗歷代的祖師，簡述如下。

初祖：慧遠大師（西元三三四年至四一六年）

慧遠大師為東晉高僧，中國淨土宗初祖。慧遠大師出身於儒學世家，自幼好讀書，廣泛學習儒，道經典，對於《老子》、《莊子》的學說尤為精通。

二十一歲時，禮請道安大師為和尚，出家為僧。

慧遠大師出家後勤奮研習佛理，很快便通達佛理奧義，深受道安大師讚賞，同學對他亦十分敬佩。二十四歲，慧遠大師已經能夠升座說法，並獨樹個人的講經風格。

苻秦建元九年（三七三），苻堅久仰道安大師德風，遂派十萬大軍攻打襄陽「強請」；道安大師被晉將拘禁，不得出城，乃分散學徒，讓他們各奔東西，並教誨日後弘法事宜，惟獨未示慧遠大師隻字片語。慧遠大師跪而問道：「唯我獨無教示，是否認為我不堪造就？」道安大師回答：「像你這樣的人才，還用得著我擔憂嗎？」

慧遠大師帶著弟子數十人南行，到了潯陽（今江西省九江市），見廬山峰林清靜，就定居下來；後來，江州刺史桓伊特地為慧遠大師創建了東林寺。從此，大師深居於東林寺，三十餘年，影不出山，跡不入市，平時經行或送客，都以虎溪為界，從不踰越一步。

慧遠大師以身作則，帶領大眾精勤修行，致使許多僧人慕名遠道而來親近，使得廬山名僧濟濟，形成了以慧遠大師為中心的廬山僧團，有很多居士亦聞風前來向慧遠大師請教佛法。由於遠公的德望，廬山的東林寺成為南方佛教的中心，與北方長安的逍遙園（鳩摩羅什譯經場），同為佛教重鎮。

慧遠大師又率領同好者（包括廬山的出家弟子，和前來就教的在家居士，如彭城、劉遺民等人）共一百多人，組成白蓮社，精進念佛。慧遠大師力倡以「念佛三昧」之修持方式，大眾共同於無量壽佛像前，發願求生西方極樂世界；並於寺裡鑿池種蓮花，在水中立十二品蓮花，隨波旋轉，分刻晝夜作為行道的節制。

由於修行的理論與方法正確，蓮社共修的一百二十三人，均有往生淨土的瑞相，甚至有些人在現世就見過佛，如慧遠大師、劉遺民等人。

慧遠大師感於法道有缺，曾派弟子法淨、法領等人西行取經，得到諸多梵本佛經，遂於廬山設立般若臺譯經，此乃中國翻譯史上最早成立之私人譯場。

慧遠大師對鳩摩羅什大師的譯經事業亦有很大的幫助。鳩摩羅什大師譯出的《中論》、《百論》、《十二門論》等重要大乘經典，起初只流傳於關中地區；經過慧遠大師的力倡，也在江東流行開來。

慧遠大師主張儒、釋調和。在《沙門不敬王者論》一文中，大師闡述，超越世俗的佛教與世俗的王權和儒教並沒有根本的衝突，恰為殊途而同歸，其云：「道法之與名教，如來之與堯孔，發致雖殊，潛相影響；出處誠異，終期則同。」大師認為，佛教和儒家兩者在具體做法上雖各不相同，但終極目標是一致的，所謂「內外之道可合」的原則，因而開啟了儒以治世、佛以治心的協調模式。

然而，慧遠大師認為，佛教在哲學義理既然超出世俗，出家修道的沙門乃「方外之賓」，不應被世俗禮教所限制而妨礙其對宗教目標的探求。因此，沒有必要根據儒教的規範，要求出家沙門遵循世俗禮制而跪拜王者。

日後，中國佛教史上的儒、釋之「殊途同歸」或「三教一源」思想，可以追溯到慧遠大師的這些觀點。

依據《遠公別傳》的記載，慧遠大師在廬山的淨修非常精進，曾於念佛三昧中三次見到佛菩薩的勝相，慧遠大師卻未曾向他人提及此。其後，在般若臺的東龕，剛剛出定，又見到阿彌陀佛身滿虛空，而於圓光之中有無數化佛及觀音、勢至等菩薩，尚有慧持、曇順、劉遺民等人。當時，阿彌陀佛對他說：「我以本願力故來安慰汝，汝後七日當生我國。」劉遺民亦向前對慧遠大師說道：「法師之志在吾之先，何來之遲也？」

慧遠大師確知往生的日期後，才將見到阿彌陀佛勝相之事告知法淨、慧寶等弟子，並制訂遺戒；至期果然安坐而化，上品往生。

慧遠大師於晉安帝義熙十二年（四一六）示寂，世壽八十三。後由唐、宋諸帝賜贈謚號「辨覺大師」、「正覺大師」、「圓悟大師」、「等遍正覺圓悟大師」。為了別於隋代淨影寺之慧遠大師，後世多尊稱為「廬山慧遠大師」。

二祖：善導大師（西元六一三至六八一年）

善導大師別號「終南大師」，唐代高僧，為淨土宗第二代祖師。大師生於隋煬帝大業九年，年少出家，早年修習《法華經》、《維摩詰經》；後來見到「西方變相圖」與《觀無量壽佛經》，心生歡喜，欣慕往生西方極樂世界。

善導大師時常誦習《觀無量壽佛經》（又稱《十六觀經》），如法作觀；未經數年，便於定中，觀見寶閣、蓮池、金座等，宛如在目前。

唐太宗貞觀十五年（六四一），善導大師二十九歲。至西河石壁谷玄中寺，參道綽禪師，蒙授《無量壽經》，見淨土九品道場，大喜曰：「此真入佛之津要，修余行業，迂僻難成，唯此法門，速超生死。」於是勤篤精苦，晝夜禮誦，如救頭燃。

善導大師每入室長跪唱佛，不到力盡，終不歇息；寒冰天氣念佛，亦要念到汗溼衣襟才止息。

善導大師清淨守護戒品，纖毫不犯；律己峻嚴，待人則慈愛寬恕。凡是美味佳肴都供養大眾，自己則食粗茶淡飯。佛前燈常年不熄，三衣一缽，躬自持洗。內心斷絕名聞利養，不與人聚談世俗之事，恐怕耽誤道業。

善導大師念佛功深，成就殊勝。念一聲佛，則有一道光明從其口出；念十百千聲，便有十百千道光明從其口出；德業隆盛，自證境界不可思議。善導大師廣演淨土法門，力倡對極樂世界的信願堅固，強調「本願稱名，凡夫入報」。善導大師強調「一心專修」，即所謂身業專禮阿彌陀佛、口業專稱阿彌陀佛、意業專念阿彌陀佛。

善導大師引用《觀無量壽佛經》云：「若有眾生願生彼國者，發三種心，即便往生。何等為三？一者、至誠心，二者、深心，三者、迴向發願心。具三心者，必生彼國。」善導大師認為具足具此三心，必得往生極樂世界；若少一心，則不得往生。

善導大師在〈往生禮讚偈〉對此三心再予說明：

一者、至誠心：所謂身業禮拜彼佛，口業讚歎稱揚彼佛，意業專念觀察彼佛。凡起三業，必須真實，故名至誠心。

二者、深心：即是真實信心。信知自身是具足煩惱凡夫，善根薄少，流轉三界，不出火宅。今信知彌陀本弘誓願，及稱名號，下至十聲一聲等，定得往生，乃至一念無有疑心，故名深心。

三者、回向發願心：所作一切善根悉皆回願往生，故名回向發願心。

具此三心，必得生也；若少一心，即不得生。

善導大師的弟子中，有誦《阿彌陀經》十萬至五十萬遍者，或有日課稱念佛名一萬至十萬者，四眾弟子受其感化，歸心淨土者，不勝計數。其中得念佛三昧成就往生淨土者，不可記述。

善導大師自利成就，悲心不捨眾生；數十年來，專弘淨土法門，所有的供養金用來寫《阿彌陀經》，達十萬餘卷，畫西方淨土變相三百餘處。

善導大師年少時，偶見西方淨土變相而發願生極樂世界之心，了知藝術的影響力甚大，因此致力於淨土宗藝術性的弘揚。敦煌千佛洞中《觀無量壽佛經》曼荼羅的創作，即是善導大師親自作畫，流傳於世。此外，舉世聞名的洛陽龍門石窟盧舍那大佛，據考即是善導大師監造的。

善導大師於唐高宗永隆二年（六八一），三月十四日示寂，世壽六十九歲。善導大師遺著存世者共五部九卷，計為《觀無量壽佛經疏》四卷、《往生禮讚》一卷、《觀念法門》一卷、《淨土法事贊》二卷、《般舟贊》一卷。

善導大師繼承曇鸞大師、道綽大師之法統，而集大成者，特稱「善導流」，對淨土宗影響極大。大師聖德高風，本跡不可測度。據《天竺往生略傳》云，善導大師乃是阿彌陀佛化身。蓮池大師在其編輯的《往生集》，對善導大師的讚譽是：

善導和尚，世傳彌陀化身。觀其自行之精嚴，利生之廣博萬代而下，猶能感發人之信心，脫非彌陀，必觀音、普賢之儔也。猗歟大哉！

《觀無量壽佛經疏》亦稱《觀經四帖疏》，於八世紀時傳入日本，流傳甚廣，日僧法然（源空）上人即依該疏創立日本淨土宗，並尊善導大師為高祖。

三祖：承遠大師（西元七一二至八〇二年）

承遠大師為唐代高僧，淨土宗第三代祖師。俗家謝氏，漢州（今四川省錦竹縣）人，宿根善利且天資聰穎超乎常人。

承遠大師自幼接受儒家的教育，但對儒家的經典心生疑問，常有「驚禮樂之陷阱，覺詩書之桎梏」的感受。後來有機緣聽聞到佛學，頓時有耳目一新之感，覺得佛教的義理可以解開其常年的困惑，因而決意尋師訪道、求學佛法。

唐玄宗開元二十三年（七三五），承遠大師二十四歲，決定出家修行，於是前往荊州（今湖北省江陵）玉泉寺，依止惠真和尚座下剃度。出家後，遵從惠真和尚之教誨，前往湖南參訪。到了南嶽衡山，並於通相法師處求受具足戒，對於三乘經教與戒法開始深入研究。

承遠大師久聞慧日法師在廣州游方傳法，乃不遠千里前往求法，乞教修行之要義。慧日法師對承遠大師云：「如來付受吾徒，用弘拯救；超然獨善，豈曰能仁。」遂教承遠大師依著《無量壽經》修念佛三昧，樹功德幢，以濟群生。慧日法師的諄諄告誡使承遠大師明瞭修行的方向及旨趣，於是頓息諸緣，決意專修淨業。

慧日法師對於淨土宗有深入研究，在修學淨土法門上頗有心得，著有《往生淨土集》、《般舟三昧贊》等淨宗論集，提倡稱名念佛之法，極為推崇般舟三昧之行，所以對承遠大師的教導也多側重於此。在慧日法師座下，承遠大師建立了淨土宗的理論與實修基礎。

唐玄宗天寶初年（七四二），承遠大師三十一歲，回南嶽衡山，在西南方向的岩石下，以樹枝茅草構織成屋，內中僅置經像，稱為「彌陀臺」，取「淨土，面見彌陀」之意。

初回衡山時，僅覓得安身之處；若有人供養食物則吃，無人供養則食野果花草；敝衣唯求禦寒蔽體而已。

除了勤行般舟三昧外，承遠大師尚熱忱地弘法利生；凡有求道問法者，皆立中道而教之權巧。為使所教之眾於修行上能速得成就，特示專念法門，教導念佛求生淨土。《淨土聖賢錄．卷三》記云：「人從而化者萬記」。

為了方便度化一切有緣眾生，承遠大師將佛號及淨土經典中的精要章句等書寫在人群來往較多的巷道中，或是刻在溪谷山崖的岩石上，俾使人們耳聞目濡、互相傳誦；以此為助緣，精勤地勸導世人信願念佛，往生安養。

隨著學佛、念佛者的日漸增多，許多檀越見承遠大師居處破舊，敝衣粗食生活清苦，便發心負布帛、斬木石，委之岩戶，用以莊嚴道場、供養大師。承遠大師不刻意拒絕或攀求，任其自然發展；未久，寺宇已具規模，遂改名為「彌陀寺」。

承遠大師將建寺安僧剩餘的物資，布施給饑饉與疾病的人。大師本身一如往昔勤儉修行，用功辦道，弘教濟生；此後數十年如一日，始終不改苦行僧之風範。

廬山法照大師原本與承遠大師素未謀面，然於修念佛三昧時，一日於正定中神遊極樂世界，見阿彌陀佛座下有著垢弊之衣而侍佛者；啟問得知，乃衡山承遠大師。此即是承遠大師不可思議之「生即侍佛」（尚在人世即承侍阿彌陀佛）的典故。

法照大師出定後，心繫此事，深生欣慕心，便徑涉衡峰，求見承遠大師。尋至衡山，所見景象宛如定中之境，得見承遠大師，大為歡喜，決定留在承遠大師身邊執弟子服，師事座下。

法照大師受唐代宗封為國師，身居顯位；但內心恆念師恩，常於皇帝前讚歎其師——南嶽衡山承遠大師有至德。代宗曾想迎請承遠大師入京教授佛法，又考慮到承遠大師本具至高德行、以苦行念佛為至樂的修行生活，恐難以詔其入京；更何況，若是真的尊重大修行者，也不應隨便下詔，以免擾動道人之心。於是，只好在京城內，遙向南面衡山方向頂禮，以表虔誠敬重之心；為了表示敬意，代宗賜號其道場為「般舟道場」。

唐德宗貞元十八年，承遠大師自知世緣將了，乃於寺內申明教誡後，結跏趺坐，安然面向西方寂化，享年九十一歲，僧臘六十五年。其遺骸葬於寺之南崗，安置靈塔以志千古。

唐代著名文學家、時任永州司馬的柳宗元，在〈南嶽彌陀和尚碑〉中，以「公之率眾峻以容，公之立誠放其中」一語，說明承遠大師一貫都是以自己的真切修行體驗，至誠地來領眾清修，從中可以深深體會大師德行之高深。

四祖：法照大師（西元七四七至八二一年）

法照大師又被稱為「五會法師」，唐代高僧，淨土宗第四代祖師。唐代宗永泰年中，曾遊東吳，因仰慕慧遠大師之德風而入廬山，修念佛三昧。某日，於正定中神遊極樂國，看見有一位身著垢弊之衣而侍佛者，蒙佛告之曰：此衡山承遠也。於是，便往南嶽親近承遠大師。

唐代宗大曆元年（七六六），法照大師前去「彌陀臺」發願每年夏安居九旬勤修般舟三昧；當時衡山念佛道場，南地宗之，從而化者以萬計。兩年間，棲止衡州雲峰寺，勤修不懈。

法照大師修習淨土法門的過程中曾見到多次聖蹟。例如，唐大曆二年，在南嶽雲峰，偶於缽中感見祥雲高山與寺院，澗溪北面有一石門，內中有一寺廟，題有「大聖竹林寺」金字。此景象雖然清晰，但大師內心尚疑是自己的幻覺。過了一段時間，於用齋時，又在缽中睹見五色祥雲、樓閣臺榭，還見文殊菩薩與諸聖眾講經說法；齋食用畢，景象方消失。法照大師諮詢他僧，知是五臺山的景象，遂生起朝拜五臺山之念；但障緣甚多，未能成行。

大曆四年夏天，法照大師於衡州湖東寺啟五會念佛道場，感五色彩雲彌覆其寺，祥雲中現出許多樓閣寺宇，高大的阿彌陀佛及二菩薩滿虛空中；參與法會的人都清楚地見到，個個歡喜踴躍頂禮。這樣的景象持續了約兩個時辰（四小時）才消失。

法照大師於當晚在念佛道場遇到一老人，老人對法照大師說：「法師曾發願朝拜五臺，為何遲遲不行呢？」大師回答：「障難甚多，路途遙遠，怎麼去得了呢？」老人說：「只要肯下決心，道路遙遠崎嶇又怎能擋得住呢？」說完便倏爾不見。法照大師又驚又喜，在佛像前重新發誓，待念佛法會期滿，即當起程，縱然火聚冰河，終不退志。於是，偕同志數人慨然上路，旅途果然順利。

大曆五年四月五日，法照大師等數人到了五臺山。一晚，大師蒙佛光照引，尋至大聖竹林寺，看見文殊菩薩與普賢菩薩端坐在講堂獅子寶座上，為眾說法，歷歷可聞。法照大師向二大菩薩恭敬頂禮後稟問：「末代凡夫，去聖時遙，知識轉劣，垢障尤深，佛性無由顯現。佛法浩瀚，未審修行於何法門最為其要？

唯願大聖，斷我疑網。」文殊菩薩回答：

汝今念佛，今正是時。諸修行門，無如念佛；供養三寶，福慧雙修，此之二門，最為徑要。我於過去劫中，因觀佛故，因念佛故，因供養故，今得一切種智。是故一切諸法，般若波羅蜜，甚深禪定，乃至諸佛，皆從念佛而生。故知念佛，諸法之王，汝當常念無上法王，令無休息。

法照大師又問：「當云何念？」文殊菩薩開示：「此世界西，有阿彌陀佛，彼佛願力不可思議，汝當繼念，令無間斷，命終之後，決定往生，永不退轉。」說後，菩薩為法照大師摩頂，並為他授記：「汝以念佛故，不久證無上正等菩提。若善男女等，願疾成佛者，無過念佛，則能速證無上菩提。」說完，二位大聖互說偈頌，法照大師恭敬聆聽，法喜充滿，作禮而退。

這時，剛才的景物倏然隱去，法照大師便在原地立石作記，用資紀念。後蒙一老梵僧勸告，將所見所聞宣示諸道友，並在原地仿建一莊嚴道場，名為竹林寺。

大曆十二年（七七七）九月十三日，法照大師與弟子純一等八人，於東臺睹白光數次，有五色雲起，擁一圓光，光作紅色；見文殊菩薩乘青毛獅子，湧現光中，眾皆共睹；繼而下細雪，圓光散漫，遍於山谷。法照大師屢見靈異，念佛更加精切，日夜無曠。

法照大師創五會念佛（採五種聲調的念佛方式），致力於弘法事業。唐代宗於長安，常聞東北方有念佛聲，遣使尋覓至太原，果見法照大師勸人念佛，乃詔入長安，封為國師，教宮人五會念佛。因此，從宮廷至一般社會皆廣行念佛法門。

某次定中，大師又見一梵僧對他說：「汝華已就，使三年開矣！」穆宗長慶元年（八二一），三年期滿，法照大師告訴大眾曰：「吾行矣！」端坐而寂。示寂後敕諡「大悟和尚」。

有謂法照大師乃善導大師之化身，而尊其為淨土宗第四代祖師。撰有《淨土五會念佛誦經觀行儀》三卷、《淨土五會念佛略法事儀讚》一卷。

蓮池大師於《往生集》中對法照大師贊曰：

感夢於前，觀境於後，其可信明矣。然則諸修行門，無如念佛。文殊口授也，顧不足信歟？三載之前，花臺預就，所謂信心纔起，蓮蕋（蕊）標名。隨其勤惰而或鮮或萎，又不足信歟？噫！冥現靈蹤，預符聖記。化行五會，音徹九重，豈非乘悲願而生者哉！

五祖：少康大師（約西元七三六至八〇五年）

少康大師為唐代高僧，淨土宗第五代祖師。浙江省仙都山人，俗姓周。七歲出家，十五歲於越州嘉祥寺受戒，廣誦經論。後於洛陽白馬寺讀善導大師西方化導文，遂決心專修念佛。

有神僧指點少康大師往新定（浙江嚴州）教化。初至新定乞食，將乞食所得之錢，令孩童念阿彌陀佛一聲，即給一錢；過了一個多月，孩童念佛以索錢者越來越多，便改為：能念十聲者給一錢。如此過了一年，男女老少見到少康大師皆呼「阿彌陀佛」。

少康大師至睦州烏龍山建淨土道場，集眾念佛。每次升座，高聲念佛，大眾共和之；少康大師每念佛一聲，則有一佛從其口出；連唱十聲，則有十佛，宛如連珠。少康大師告訴大家：看見佛像的人，已決定往生淨土！弟子們無不欣喜，更加精進。

善導大師口出光明，少康大師亦口出化佛；世稱善導大師為阿彌陀佛的化身，少康大師則為善導大師之後身，或稱之為「後善導」。有詩讚曰：

東峰壇級石嵯峨，十佛隨聲信不訛；
後善導依前善導，今彌陀是古彌陀；
一心正受超三界，孤月澄輝照萬波；
乘般若船游淨域，度生還亦到娑婆。

唐德宗貞元二十一年（八〇五），少康大師臨終放異光數道而圓寂，立塔於臺子巖。著有《廿四讚》、《瑞應刪傳》各一卷。

蓮池大師於《往生集》對臺岩康法師（少康大師）贊曰：或疑佛從口出，似涉怪異。噫！世尊逢醉象時，手五指端，出金光獅子。其言曰：「我何有心於御象哉？以我無量劫來，修慈忍力，自然而有獅子現焉，我亦不知也！」今康公現佛，亦無量劫來，歸敬之所致耳，何怪之有！世有魔師，教人黑夜習坐，於香烟上注觀佛現，以為感應，較此邪正實霄壤焉！修淨業者，不可不辯。

六祖：永明延壽大師（西元九〇四至九七五年）

永明延壽禪師為唐末五代高僧，淨土宗第六代祖師，亦是法眼宗第三代祖師。大師是臨安府餘杭（浙江杭縣）人，俗姓王，字仲玄，號抱一子。錢文穆王時，永明大師未出家，任職稅務官，挪用官錢買放生命，其罪當死。臨行刑時，皇帝令人監督：倘若神色不變，則將之釋放。

永明大師獲釋後，遂投四明翠巖禪師門下出家，時年三十歲。後往天台山參謁德韶國師，初習禪定，得其玄旨，受為法眼宗法嗣。曾於禪觀中，見觀世音菩薩以甘露灌其口，因此而獲大辯才。

永明大師欲弘淨土宗，登上智者禪院作了二鬮：一為「一心禪定」，另一為「萬善莊嚴淨土」。至心祈求，七次皆得「萬善莊嚴淨土」鬮，遂專修淨業。

永明大師於國清寺行法華懺，頗有感悟，於是朝放諸生類、夕施食鬼神，讀誦《法華經》，又精修念佛。後來，於明州雪竇山傳法，法席甚盛，並復興杭州靈隱寺。

建隆二年（九六一）應吳越王錢俶之請，住慧日永明寺，賜號智覺禪師，故世稱永明大師。

永明大師倡導「禪淨雙修」之道，指心為宗，四眾弟子皆欽佩。永明大師日課一百零八佛事，夜往別峰行道念佛，旁人時聞螺貝天樂之音。

永明大師曾召集慈恩、賢首、天台三宗僧眾，輯錄印度、中國聖賢二百人之著書，廣蒐博覽，互相質疑，而成《宗鏡錄》一百卷，對當時各宗派間之宗旨分歧，持調和之態度。

高麗王見此書，乃遣使敘弟子之禮，並派國僧三十六人前來中國學法，法眼之禪風遂盛行於海東。

除《宗鏡錄》百卷外，大師尚著有《會融諸法同入心宗》、《萬善同歸集》、《發明空有性相之旨》、《提策真修》、《歸之中道》等書。據傳，永明大師曾作「禪淨四料簡」，倡禪淨雙修，尤重淨土，其文云：

有禪無淨土，十人九錯路；陰境若現前，瞥爾隨他去。

無禪有淨土，萬修萬人去；但得見彌陀，何愁不開悟。

有禪有淨土，猶如帶角虎；現世為人師，當來作佛祖。

無禪無淨土，鐵床並銅柱；萬劫與千生，沒箇人依怙。

永明大師居永明十五年，弟子一千七百多人，常傳授大眾菩薩戒，施食放生，回向淨土。

宋太祖開寶八年（九七五）二月二十六日早晨，焚香告眾，趺坐而化，世壽七十二歲。

後來，有僧人經年繞其塔。人問何故？僧人云：「我病入冥，見殿左供一僧像，王勤禮拜。」因而詢問之，彼回答：「杭州永明延壽禪師也，已往生西方上上品，王重其德，故禮敬耳。」

大師並受到歷朝尊崇；宋徽宗崇寧年間追謚「宗照禪師」，清世宗加封「妙圓正修智覺禪師」。

蓮池大師在《往生集》中對永明壽禪師（永明大師）的讚譽為：

永明佩西來直指心印，而刻意淨土。自利利他，廣大行願，光昭於萬世。其下生之慈氏（彌勒菩薩）歟！其再生之善導歟！

七祖：省常大師（西元九五九至一〇二〇年）

省常大師為宋代高僧，淨土宗第七代祖師，浙江省錢塘人，俗姓顏，字造微。

省常大師七歲即厭俗出家，十七歲受具足戒，戒行謹嚴，通達《大乘起信論》，修持天台止觀。

宋太宗淳化年中，省常大師住於杭州西湖昭慶寺專修淨業；因仰慕廬山慧遠大師白蓮社之遺風，而於西湖邊結白蓮社專修淨業，後易名為淨行社，蓋取《華嚴經·淨行品》之意。自刺血書寫《華嚴經·淨行品》，每書一字，三拜三繞、三稱佛名，刊版印成千卷，分施千人，率眾念佛。

以栴檀香刻造無量壽佛像，刻像成後，跪於佛像前發願云：「我與大眾，始從今日，發菩提心，窮未來際，行菩薩行，願盡此報身，以生安養。」願力堅固，由此可知。

宰相王旦（文正公）為社首，士大夫與其會者，前後一百二十三人，皆投詩頌，自稱淨行社弟子，比丘與會者千餘人；往昔廬山白蓮社之盛況，於是再現。

宋真宗天禧四年（一〇二〇）正月十二日，端坐念佛，云：「佛來也！」寂然而化，眾人見地色皆金，移時方隱。世壽六十二。全身葬於靈隱山烏窠禪師之墳側。世稱錢塘白蓮社主，又號昭慶圓淨法師。

蓮池大師在《往生集》對圓淨常法師（省常大師）贊曰：

始遠公，次善導，既而南嶽五會，永明、臺岩，終於法師，號蓮社七祖；勸化之盛，蓋耀古彌今矣！雖然，覈其自修，則罔不精勤刻勵，如所以示人者。今沙門知勸人，而不知勸己；欲竊附於前輩，不幾狂乎！

第八祖便為蓮池大師，遠承初祖廬山慧遠大師和六祖永明延壽大師，直接啟迪蕅益大師——淨土宗第九代祖師。

大師一生行持，主要以淨土宗為依歸，兼重戒律、禪宗及教理，其對華嚴和禪學均有極深的造詣；清朝守一法師重編的《宗教律諸宗演派》，便尊大師為華嚴圭峰宗密下第二十二代祖師。

大師的淨土思想和華嚴思想體現於《佛說阿彌陀經疏鈔》中，可說是以華嚴的精神闡釋《佛說阿彌陀經》。

《佛說阿彌陀經疏鈔》清楚地闡述釋迦牟尼佛開示《佛說阿彌陀經》具有十種義理——

一、大悲憫念末法，為作津梁故。

釋迦牟尼佛因大悲心，憫念末法的眾生，因而宣說本經，令眾生藉由本經的「持名念佛」為橋梁，得以出離生死、究竟成佛。

二、特於無量法門，出勝方便故。

佛陀在無量法門之中，藉由本經的「持名念佛」，令眾生得以較容易出離三界輪迴。「念佛求往生」一法是所有方便法中的第一方便，又稱「勝異方便」。

三、激揚生死凡夫，令起欣厭故。

佛藉由本經，闡述極樂世界的「依正莊嚴」，用以激勵輪迴中的生死凡夫，生起「欣慕極樂，厭離娑婆」之心，進而求生極樂世界。

四、化導二乘執空、不修淨土故。

淨土法門是對九法界眾生的拯救，包括聲聞、緣覺，讓二乘行者從化城中出來，相信有他方淨土——極樂世界。令二乘行者能夠回小向大，修淨土法門；亦即化導二乘的行者修淨土法門，趣向成佛的目標。

五、勉進初心菩薩，親近如來故。

佛藉由本經，勸勉初發心菩薩求生淨土，親近阿彌陀佛，證得「無生法忍」

後，方乘願再來娑婆世界，度化眾生。

六、盡攝利鈍諸根，悉皆度脫故。

佛藉由本經的持名念佛，普被三根，利鈍全收。九法界的眾生都能夠藉由本經的「持名念佛」而得度脫，往生極樂世界。

七、護持多障行人，不遭墮落故。

佛見末法修行人，業障深重，修行時常生起障礙；故藉由本經的「持名念佛」，讓眾生因念佛而得蒙佛力加被，不會墮落。

八、的指即有念心，得入無念故。

「的指」就是明確地指出。意謂佛陀明確地指出，藉由本經的「持名念佛」，令眾生由事入理，從事相上的「有念」，回歸到「無念」的自性中。一切法門，無非引導眾生離念，歸於真如；今此法門，不必捨念，就能夠契入「無念」。

九、巧示因於往生，實悟無生故。

佛藉由本經的「持名念佛」，令眾生往生淨土，而證悟「無生法忍」，回歸到「無生無滅」的自性中。

若是上根利智者在本土修行，執持名號得到理一心不亂，當下就能證悟「無生法忍」，回歸到「無生無滅」的自性中。

十、復明徑路修行，徑中之徑故。

念佛法門（包含實相念佛、觀像念佛、觀想念佛、持名念佛等四種），已是修行徑路；尤其是「持名念佛」，但以四字「阿彌陀佛」或六字「南無阿彌陀佛」之洪名，直登不退；事不繁，而功極大，故為徑中之徑。

大師認為，往生極樂世界須具足「信、願、行」三種資糧。在《佛說阿彌陀經疏鈔》中提到：

信，謂信生佛不二。眾生念佛，定得往生，究竟成佛故。如經所云：「汝等皆當信受我語」，是也。願，謂信非徒信。如子憶母，瞻依向慕，必欲往生故。如經所云：「應當發願，生彼國土」，是也。行，謂願非虛願。常行精進，念念相續，無有間斷故。如經所云：「執持名號，一心不亂」，是也。此之三事，號為資糧。資糧不充，罔克前進，又復此三，如鼎三足，或俱無，或具一缺二，或具二缺一皆不可也。

因此，我們可以瞭解往生極樂世界的三資糧即是「信、願、行」，亦即具足信心（信受佛語）、願生彼國，並以「執持名號，一心不亂」為修行的核心。

《疏鈔》又云：

佛有無量德，今但四字名號（阿彌陀佛），足以該之。以彌陀即是全體一心，心包眾德。常樂我淨，本覺始覺，真如佛性，菩提涅槃，百千萬名，皆此一名攝無不盡。專持者，眾生學佛，亦有無量行法，今但持名一法，足以該之。以持名即是持此一心，心該百行，四諦六度，乃至八萬四千恆沙微塵一切行門，攝無不盡。

上文清楚闡明阿彌陀佛的名號功德，具有光明無量、相好無量、辯才無量、神通無量等全體的無量功德，就含攝於「阿彌陀佛」這四字中；當我們念「阿彌陀佛」名號時，即是念佛的無量功德。

「阿彌陀佛」是無量光、無量壽，而一切眾生的心性之體也是無量光、無量壽，所以阿彌陀佛就是我們的全體一心；而此一心是真常的佛心，是妙真如性，所以包含著一切的功德；諸如常樂我淨、本覺始覺、真如佛性、菩提涅槃等佛所證功德的百千萬名，都在這一句「阿彌陀佛」名號當中完整地含攝，攝無不盡。

大師云：「認準執持彌陀名號一法！」這一法就包含著八萬四千法門，無量的行法都總攝於這一個法門，一法具足一切法。

大師指出，《阿彌陀經》的「執持名號」，所謂「執」是聞名號，「持」是受而守之，常時不忘。此執持可分為二種：一者、憶念無間的「事持」；二者、體究無間的「理持」。執持之極，便得「一心」，亦可分作二種：一、「事一心」者，即是聞佛名號，常憶常念，字字分明，相續不斷，唯此一念。二、「理一心」者，聞佛名號，不唯憶念，亦能反觀，體察究審，極其根源，於自本心，忽然契合。

執持名號乃是執持當下的心，一聲佛號一聲心！這個妙明真心，能夠包羅百行，乃至於恆河沙的行法；它包括苦、集、滅、道等四聖諦，以及布施、持戒、忍辱、精進、禪定、智慧等六度，乃至由六度開展出的八萬四千法門，大小乘所有如恆河沙、微塵數般的一切行門，都在這個名號之中。既然所有的行門都在這個名號中，則修「念佛」這一行法，等於了所有的行門，能夠得到所有行法的功德。

大師以「持名」一法含攝一切行法的觀點，深深影響後世佛教的發展，亦啟迪了後進的歷代大師，諸如蕅益大師、印光大師、乃至近代的廣欽老和尚，皆是同樣的觀點。

如蕅益大師在《佛說阿彌陀經要解》中主張：

信願持名，一經要旨；信願為慧行，持名為行行。得生與否，全由信願之有無；品位高下，全由持名之深淺。故慧行為前導，行行為正修，如目足並運也。

蕅益大師清楚地說明，往生極樂世界之「信、願、行」三資糧中，能否往生極樂世界，取決於是否具足信願；而品位的高低，則決定於持名功夫的深淺。

大師在《佛說阿彌陀經疏鈔》云：「今此經者，崇簡去繁，舉約該博，更無他說。單指持名，但得一心，便生彼國，可謂愈簡愈約，愈妙愈玄，徑中徑矣。」由此可知，大師提倡的淨土法門是以「持名」和「一心」為要旨。

大師又云：

一心即不亂，不亂即一心。一心者，專注正境也；不亂者，不生妄念也。用志不分者神凝，役心多岐者功喪；道以多歧亡羊，射以專注中鵠；但患心之不一，何慮罪之不滅。一生念佛而不往生者，謂不一心矣。

大師指出，專注正境，即是「一心」；不生妄念，便是「不亂」。倘能「一心不亂」地念佛，必定得以往生極樂世界。

大師並藉經說明，一心繫念，即是「一心不亂」。前面提過「一心」又可分為「事一心」與「理一心」；並將其分屬定、慧二門：

事理各別，初事一心者，如前憶念，念念相續，無有二念，信力成就，名事一心，屬定門攝，未有慧故。理一心者，如前體究，獲自本心，故名一心。……屬慧門攝，兼得定故。

簡言之，大師認為攝心是學佛的要道，而念佛則為攝心的捷徑；並開「念佛門」、「止觀門」、「參禪門」為方便門，指出念佛一門乃是止觀（定、慧）雙運，教理上則闡明禪淨雙修。

大師在〈普示持名念佛三昧〉中指出，念佛一門雖分為四種不同的修持之道，但究竟歸於一實相：

念佛一門而分四種：曰持名念佛、曰觀像念佛、曰觀想念佛、曰實相念佛。雖有四種之殊，究竟歸乎實相而已。

大師引古德闡明觀想念佛的困難，並強調持名的功德：

觀法理微，眾生心雜，雜心修觀，觀想難成。大聖悲憐，直勸專持名號。良由稱名易故，相續即生。此闡揚持名念佛之功，最為往生淨土之要。若其持名深達實相，則與妙觀同功。

大師認為，淨土宗並非與各宗對立，致力於淨土思想與各宗的教義會通。如大師的〈普勸念佛往生淨土〉云：「若人持律，律是佛制，正好念佛；若人看經，經是佛說，正好念佛；若人參禪，禪是佛心，正好念佛。」

大師亦重視經教。在《竹窗隨筆．經教》中云：

予一生崇尚念佛，然勤勤懇懇勸人看教。何以故？念佛之說，何自來乎？非金口所宣，明載簡冊，今日眾生，何由而知十萬億剎之外有阿彌陀也？其參禪者，藉口教外別傳，不知離教而參，是邪因也；離教而悟，是邪解也。饒汝參而得悟，必須以教印證；不與教合，悉邪也。是故學儒者，必以六經四子為權衡；學佛者，必以三藏十二部為模楷。

大師雖崇尚念佛，但仍然認為不可因此而不讀經教。為什麼呢？倘若不讀經教，怎麼會知道念佛法門的根源呢？如果不是佛的金口所宣說，明載於經典而流傳下來，我們如何知道離這個世界十萬億剎土外有阿彌陀佛及極樂世界呢？

大師並指謫，那些自負參禪的人，以教外別傳做為藉口，殊不知若離開經教而盲修瞎練，就是邪因；背離經教所悟的道理，則易生邪解。儘管參禪已得開悟者，也必須以教理做為印證；假如所悟的見地與佛的教理不相符合，都是邪見。

尤其是，由於明朝時禪僧的地位最高，僧人多以參禪為傲。由於禪宗是教外別傳，主張以心印心、不立文字，逐漸演變成禪宗門徒以「不重文字」自居，輕蔑經典，不重視佛教的教理；參禪只是一個幌子，並無實際的證悟及修為。

因此，大師認為，如同儒者必以六經四書（六經乃是《詩經》、《尚書》、《禮記》、《樂經》、《周易》及《春秋》；四書是指《論語》、《孟子》、《大學》及《中庸》）來衡量自己的道德行為；學佛的人，也必須以三藏十二部經教為修行的準繩！

然而，大師亦未忽略鑽研經教所可能產生之錯誤。其於《示閱藏要語》中云：

大藏經所詮者，不過戒定慧而已。然閱藏者，二種過失。一者、執文字而迷理致；二者識理致而不會心；徒廢光陰，祇成緣種耳。若能體達戒定慧熏修，則一大藏經教。所謂念念常住，即念百千萬億卷經者此也；亦復識此戒定慧，即是念佛法門。何也？戒乃防非為義；若能一心念佛，諸惡不敢入，即戒也。定乃除散為義；若一心念佛，心不異緣，即定也。慧乃明照為義；若觀佛聲，字字分明，亦觀能念所念，皆不可得，即慧也。如是念佛，即是戒定慧也。何必隨文逐字，閱此藏經。

大師認為，世人閱讀大藏經容易產生兩種弊端，即「執事廢理」和「執理廢事」兩者，因而徒廢光陰，僅成緣種而已；而「一心念佛」恰好可以對治這兩種弊端。

因為，大藏經所詮者，主要是戒、定、慧；而一心念佛，即是戒、定、慧。所謂「戒」，乃防非止惡為義，若能一心念佛，諸惡不敢入，即是戒也。「定」乃除去散亂為義，若一心念佛，心不異緣，即是定也。「慧」乃明照為義，若觀佛音聲，字字分明，亦觀能念、所念，皆不可得，即是慧也。

大師並非主張世人只要念佛，而是提醒世人應避免墮入閱藏之弊端。大師自身於三藏十二部，無不再三披閱，悉詣其微；大師對雲棲寺出家僧眾，除了要求他們須嚴守戒律、寺規、早晚課以及念佛外，尚須廣學經、律、論等三藏教理，由此可見大師對經教的注重。故大師云：「學佛者，必以三藏十二部為模楷。」簡言之，正確地研讀經教與念佛是相得益彰的。

總之，念佛法門乃是入理妙門，圓契五宗，弘該諸教，精微莫測，廣大無窮。因此，不論男女老少、貴賤賢愚，都要念佛。由於光陰迅速，命不堅久，普願世人以淨業為急務。

大師認為，以《華嚴經》「一即一切」的圓融理念詮釋念佛法門，則念佛是大總持法門，含攝菩薩六度萬行，囊括大藏經的精義。因此，「一心念佛」即含括一切的法行，包含大藏經在內。

大師與淨土相關的著作，除了代表作《阿彌陀經疏鈔》外，尚有《阿彌陀經疏鈔事義》、《阿彌陀經疏鈔問辯》、《阿彌陀經疏鈔續問答》、《答淨土四十八問》、《淨土疑辯》、《西方發願文》及《往生集》等大作，影響著後世的淨土行者。

繼大師之後的淨土宗祖師則為：第九代祖師蕅益大師、第十代祖師截流大師、第十一代祖師省庵大師、第十二代祖師徹悟大師、以及第十三代祖師印光大師。

這些淨土宗的祖師，不僅個人精進修持，堪為後世佛弟子的楷模；而且其行持及著述，亦深深影響當代，乃至未來際。

華嚴宗思想與修持

古德認為，《華嚴經》是佛經中的經中之王，也是王中之王。所謂「不讀《華嚴經》，不知佛家富貴」——讀過《華嚴經》，由認識佛心所顯現華嚴世界的依正莊嚴，才能覺悟自心本具的富貴。

《華嚴經》與華嚴宗

《華嚴經》是佛陀成道後最初三七日（二十一天），或說二七日（十四天）所宣說的自內證法門。此經是在佛滅度後，由文殊菩薩和阿難尊者等大德結集於鐵圍山間。釋迦牟尼佛說完《華嚴經》後，這部經原本並未留傳到世上，而是被龍王請到龍宮供養；當時，大龍菩薩認為《華嚴經》很殊勝，由於閻浮提眾生機緣未熟，不堪受持此經，而將之收藏於龍宮中。

佛陀入滅七百年（或說九百年），南天竺龍樹菩薩聰明絕頂，把世間所有一切經論都讀完，心生驕慢，欲自立為教主；於是，大龍菩薩邀請他到龍宮看藏經，龍樹菩薩在龍宮閱讀《華嚴經》後，便折服慢心。

據稱，《華嚴經》有上、中、下三本。其上本共有十三千大千世界微塵數偈、一四天下微塵數品——「一四天下」的「一」為一須彌山，「四」則是四大部洲（東勝神洲、南贍部洲、西牛賀洲、北俱盧洲）；中本共計四十九萬八千八百偈、共一千二百品，下本則有十萬偈頌、四十八品。龍樹菩薩認為，上、中二本《華嚴》，非凡夫智力所能受持；因此，龍樹菩薩只背誦下本十萬偈，也就是四十八品的《下本華嚴》，返還人間後，將之誦出並流通世間。《下本華嚴》共計四十八品，其前面的三十九品，陸續傳至中國；然而，後面的九品並沒有傳到中國。

在中國有三種梵文譯本，即：東晉佛馱跋陀羅三藏法師譯的《六十華嚴》，共八會、三十四品，六十卷，三萬六千偈；唐代實叉難陀三藏法師譯的《八十華嚴》，共九會、三十九品，八十卷，四萬五千偈；唐代般若三藏法師譯的《四十華嚴》，只有一品，四十卷，一萬六千七百偈。依其翻譯年代的順序是《六十華嚴》、《八十華嚴》及《四十華嚴》。

雖然《華嚴經》傳到中國並不齊全，但序分、正宗分、流通分已經都完備；所以，唐朝清涼國師（澄觀大師）弘揚此經時，認為這部經已經可以作為全經。近代高僧弘一大師曾建議欲誦《華嚴經》者，可以先誦《八十華嚴》至〈離世間品〉第五十九卷，接著念誦《四十華嚴》，如此共計九十九卷，此乃中國最完整的《華嚴經》之經本。

華嚴宗係依據《華嚴經》而立名。被尊為初祖的杜順（法順）大師作了《法界觀》，總括華嚴奧旨而開宗。三祖唐代賢首國師（法藏）撰《探玄記》及章疏多種，華嚴法門因而廣弘；因此，本宗又稱為賢首宗。而本宗以「四界」說明法界自在無礙法門，亦稱法界宗。後來，四祖澄觀大師所作的《八十華嚴疏鈔》，乃現今廣為通行的版本，故又名清涼宗。

華嚴的宗旨深奧玄妙，其骨幹則不出「法界緣起」。法界緣起者，謂宇宙萬象乃相互融通：此一物為其他萬物的緣，其他萬物亦為此一物的緣；以一法成一切法，以一切法起一法，自他相待相資，相入相即，並存無礙，而重重無盡。

為了闡明此法界緣起的內涵，此宗立有「四法界」、「十玄門」、「六相圓融」及「三時、五教、十宗」等思想，分述如下。

一、四法界

「法界」意謂由佛心所顯現的宇宙萬法，一心含攝四種法界，亦即事法界、理法界、理事無礙法界、事事無礙法界；其中的「事事無礙法界」特顯華嚴妙境——即「一真法界」。

四法界即是華嚴宗的宇宙觀。華嚴宗認為，全宇宙係統一於一心；若由現象與本體觀察之，則可區別為四種層次——

（一）事法界：乃指宇宙萬物千差萬別的現象。

（二）理法界：宇宙萬物雖異，然真如本體只有一個——宇宙法界唯有一心而已。

（三）理事無礙法界：現象與本體不二。

（四）事事無礙法界：謂萬事萬物依緣而起，雖各有差別，但彼此有從多緣相助一緣者、有從一緣遍助多緣者，其「體」不二，其「用」互相交涉。因此，事事無礙、重重無盡、事理圓融、性空平等、自他兼濟，又稱「無盡法界」。

二、十玄門

十玄門乃是從十種層面說明法界緣起的深義，謂通達萬物同體，相即相入，圓融無礙的原理，方可進入《華嚴》玄海。又此十門相即相入，互為作用，互不相礙，相互為緣而起，故稱「十玄緣起無礙法門」，又稱「十玄緣起」。

此十門也就是以十種觀點開演法界緣起的相狀，說明萬物同體、相即相入、圓融無礙之理，包括：同時具足相應門、廣狹自在無礙門、一多相容不同門、諸法相即自在門、隱密顯了俱成門、微細相容安立門、因陀羅網境界門、託事顯法生解門、十世隔法異成門、主伴圓成具德門等十門。

以下便依法藏大師所立的「新十玄」予以說明——

（一）同時具足相應門：宇宙萬有互為緣起而成立，同時相應，同時具足；「一」與「多」互為一體，過去包含現在、未來，亦聯結於過去，無先後之別，無始無終。如「一滴海水，具百川味」，此乃「全體性」的原理。此門是十玄門的總說，其餘九門為別說。

（二）廣狹自在無礙門：在「事事無礙」法界中，就其空間而言，能小中容大，狹中容廣，三千世界亦能入一微塵，而不失各物的性能。如「徑尺之鏡，見千里影」，此乃「超量性」的原理。

（三）一多相容不同門：一切萬有，同時相應，自他互相容受。就其「用」而言，「一」中能容多，「多」中能攝一，一多相入無礙；然其體不同，不失一、多之相。如「一室千燈，光光相攝」，此乃「相入性」的原理。

（四）諸法相即自在門：一切萬法在本體上「空」、「有」相即。「一」即一切，故「體」同而不壞「差別相」；「一切」即一，故不壞差別相而體「一」。如「金與金色，二不相離」，此乃「相即性」的原理。

（五）隱密顯了俱成門：有關緣起的現象，隱密為裡，顯了為表；隱不離顯，顯不離隱，隱顯同時。若以「一」為表，則「多」為裡；若以「多」為表，則「一」為裡，二者相互隱顯。如是為表為裡，隱顯一體，故說「俱成」。如「片月澄空，晦明相並」，此乃「表裡性」的原理。

（六）微細相容安立門：就緣起現象說明「相入」之理，特別是「不壞自相」的特點。即以「小」入「大」、以「一」攝「多」，而大、小相互而不亂，亦不壞一、多之相，而井然有序。如「玻璃之瓶，盛多芥子」，此乃「各存性」的原理。

（七）因陀羅網境界門：森羅萬象一一互相顯發，重重無盡，如因陀羅網（帝釋天宮殿中寶珠之網）無數明珠，互照互映，圓融無礙。如「兩鏡互照，傳耀相瀉」，此乃「無盡性」原理。

（八）託事顯法生解門：深妙的理可託卑近的事法加以彰顯，所託的事與所顯的理無別無二，如「立像豎臂，觸目皆道」，此乃「具體性」的原理。

（九）十世隔法異成門：過去、未來、現在三世，一一各有過、現、未三世，合為九世；此九世互融互入，攝入一念，總成一世，合九世與一念為十世。此十世諸法不出「一念」；雖有時間之間隔，然而彼此相即相入，先、後、長、短，同時具足顯現，亦不失長、短、前、後等差別，故名「異成」。如「一夕之夢，翱翔百年」，此乃「超時性」的原理。

（十）主伴圓明具德門：一塵生時，萬法隨之而生；任舉一法，皆是宇宙的全相，而成主、伴的關係。如「北辰所居，眾星拱之」，此乃「主伴性」的原理。

三、六相圓融

六相者，謂總相、別相、同相、異相、成相、壞相；一切諸法無不具足此六相，六相圓融、相即、無礙。

六相是對一物作六方面的考察：所成的法為「總相」，能成的法為「別相」；就能成的法而言，本質相等為「同相」，作用不同為「異相」；就依緣所成的法而言，緣具則生為「成相」，條件不足為「壞相」。由此可知，「總」、「別」是指涉諸法的「體」；「同」、「異」說明是諸法的「相」；「成」、「壞」則是闡釋緣起的「用」。

四、判教思想：三時、五教、十宗

三祖賢首法藏大師融和初祖杜順大師、二祖智儼大師的思想，而集其大成，完成華嚴教觀雙美的組織系統，並判釋如來一代教法為三時、五教、十宗，以《華嚴經》為「別教一乘」的「圓明具德宗」。

所謂「日出三照判」，即以太陽照物的比喻，將佛陀一代時教分為三個時期：

（一）日出先照時：旭日初升，先照射於高山之頂；比喻佛陀最初證悟，先以無礙智慧光明為圓根大乘菩薩轉「無上根本法輪」，名為「直顯教」，即《華嚴經》。

（二）日升轉照時：依所照先後，又分初轉、中轉、後轉三時，依序射及幽谷、高原、大地平原；比喻佛陀為下、中、上三根的所化機說法，接引不同的眾生，屬方便教。

初轉「小乘法輪」，名為「隱實教」，為鈍根者所說的《阿含經》、《俱舍論》等四諦、十二因緣等教理，令彼凡夫外道轉凡成聖。

中轉「三乘法輪」，名為「引攝教」，如《方廣》、《深密》等經，《瑜伽》、《唯識》等論，令彼聲聞、緣覺二乘人迴小向大，學菩薩道。

後轉「大乘法輪」，名為「融通教」，如《般若經》、《中論》、《百論》、《十二門論》等，令利根菩薩轉權為實。

（三）日沒還照時：日落之際還照高山，比喻佛陀於涅槃前開示的圓滿教法，為上上根眾生轉「攝末歸本法輪」，名為「開會教」，意即開權教、顯實教，會三乘歸一乘，如《法華》、《涅槃》諸經，令彼偏教五乘人等轉偏成圓。

關於五教之判釋，源自初祖杜順大師，由《五教止觀》判分五教；二祖智儼大師又於《華嚴孔目章》中，以五教判釋佛陀的一代教法；三祖法藏大師更於《探玄記》、《五教章》中詳述華嚴宗的判教體系。此五教為小、始、終、頓、圓——

（一）愚法小乘教：此教唯知「人空」之理，而不明「法空」之義。如《阿含》、《婆沙》、《俱舍》、《成實》等。

（二）大乘始教：大乘中初門之教，廣談法相，少及法性，或明「破相遣執」，未盡大乘法理，屬權教。又分「空始教」（言一切皆空，如《般若》、《中論》等）與「相始教」（言諸法相者，如《深密》、《瑜伽》、《唯識》等）。

（三）大乘終教：此教說「真如緣起」法門，以及大乘實相，是對根機成熟者所說的教法，為大乘漸教中的終極教義。如《楞伽》、《密嚴》、《勝鬘》、《起信論》、《寶性論》等經論所開演者。

（四）大乘頓教：不依次第階位，頓修頓悟之教，離言絕相，一念不生，本來即佛。如《維摩經》所述。

（五）大乘圓教：此明華嚴所立法門，一真法界，相即相入，重重無盡，事事圓融無礙。前四教是方便教，此教是一乘真實教，又開「同」、「別」二門。別教一乘是直顯門，指《華嚴》教義；同教一乘是寄顯門，指闡釋會三歸一的《法華》宗義。

三時與五教的關係為：「日出先照時」與「日沒還照時」均為大乘圓教；「日升」初轉時為愚法小乘教，中轉時為大乘始教和終教，後轉時為大乘頓教。所謂「十宗」，則是將小乘（部派佛教）及大乘的不同思想予以區判為十個層級。其內容如下——

（一）我法俱有宗：佛陀說五戒十善等法，以教化人天，順俗情而未說「我空」、「法空」之理，故為「我法俱有」。已入佛法的人天乘及部派中犢子部、法上部、賢胄部、正量部、密林山部及根本經部等屬之。

（二）法有我無宗：主張一切諸法通於三世，其體恆有、實有，並不執我。部派中說一切有部、雪山部、多聞部等屬之。

（三）法無去來宗：主張過去及未來諸法，體、用俱「無」，惟現在諸有為法與無為法為「有」。部派中大眾、說轉、雞胤、制多山、西山、北山、法藏、飲光部等屬之。

（四）現通假實宗：主張「過去」、「未來」無實體，「現在」的有為法中有「假」也有「實」；以五蘊為「實」，十二處、十八界為「假」。如《成實論》等。

（五）俗妄真實宗：主張世間諸法但有假名，是虛妄；出世法與道相應，為真實。部派中說出世部等屬之。

（六）諸法但名宗：主張一切諸法唯有假名，都無實體，析有明空。一說部等屬之。

（七）一切皆空宗：主張一切諸法皆空、無相，即有是空。《般若經》及三論宗等屬之。

（八）真德不空宗：主張如來藏具足無量性德，迷、妄、染、淨一切諸法，都從「真如」緣起；而真如之「理」，與萬有之「事」，無礙鎔融。《勝鬘經》、《楞伽經》、《起信論》、《寶性論》、《佛性論》等屬之。

（九）相想俱絕宗：主張一念不生即佛，絕離一切言說，是語觀雙絕的法門。《維摩經》屬之。

（十）圓明具德宗：圓滿顯現法界自體所具之德用的緣起妙理。《華嚴經》屬之。

一切諸法皆具足六相的圓融，法法具足十玄無盡的緣起；法界事事無礙，窮一體圓融之妙，此即華嚴「一乘別教」獨特的「性起法門」。

論華嚴與淨土

大師深諳《華嚴經》的義理，從大師所撰著的《佛說阿彌陀經疏鈔》乃是以華嚴思想來詮釋《佛說阿彌陀經》的奧義，便可以看出其對《華嚴經》的體悟。

當時有位華嚴宗的學者曹魯川居士，多年研究華嚴和禪宗的經論。見大師極力提倡淨土法門，曹居士兩度致書給大師論義，其來函與回信皆收錄在《雲棲遺稿．卷一》。他在信中對大師將華嚴與淨土相提並論頗不以為然：

> 佛《華嚴》乃無上一乘圓教，如來稱性之極談；非教非宗，而即宗即教；不空不有，而無垢無淨。是在《法華》猶較一籌，若餘乘似難與之絜長比短也者。尊者乃與《彌陀經》並稱，已似未妥；因此遂有著論騰之，駕淨土於華嚴之上者，朱紫遞淆之謂何？

曹居士認為，佛陀所宣說的《華嚴經》，是無上一乘圓頓的教法，乃是如來稱性究竟了義之說。大師將《阿彌陀經》與《華嚴經》並稱，已似乎有所不妥當；大師於《佛說阿彌陀經疏鈔》極力稱揚讚歎極樂淨土，又似令淨土法門凌駕於華嚴之上，不免有所謂「朱紫遞淆」（以紫亂朱）的可能。

曹居士希望大師視眾生的根器，給予合適的法門，建議：「為淨土根人說淨土，為華嚴根人說華嚴。」又云：「所願尊者為大眾衍淨教，遇利根指上乘，圓融通達；不滯方隅，俾鵬鷃並適。」意即大師可為凡夫大眾開示淨土法門，對利根上器者，則可直指最上乘的佛法；教法能夠圓融通達，不必局限於一個法門；好比讓大鵬鳥和小麻雀，各自安適於自己的處所（典出《莊子．逍遙遊》）。

大師回覆其書信，在〈蓮池大師答蘇州曹魯川書〉中云：

夫《華嚴》具無量門，求生淨土，《華嚴》無量門中之一門耳。就時之機，蓋由此一門而入《華嚴》，非舉此一門而廢《華嚴》也。來諭謂不肖以《彌陀》與《華嚴》並稱，因此遂有著論駕淨土於《華嚴》之上者；此論誰作乎？《華嚴》如天子，誰有駕諸侯王大臣百官於天子之上者乎？然不肖亦未嘗並稱也。《疏鈔》中，特謂《華嚴》圓極，《彌陀經》得圓少分，是《華嚴》之眷屬流類，非並也。

大師闡明，《華嚴》具足無量的法門，求生淨土也是《華嚴》無量法門中的一門；大師的本意是藉由淨土法門而引入《華嚴》境界，並非是只推舉此一法門而廢除《華嚴》。在《阿彌陀經疏鈔》中，大師充分地說明了《華嚴》是究竟圓滿之理，而《阿彌陀經》只得到此究竟圓滿的少分，是《華嚴經》的眷屬之類，此兩者不是並稱的。

大師又云：

說《華嚴》則該淨土，說淨土亦通《華嚴》。是以說《華嚴》者自說《華嚴》，說淨土者自說淨土，固並行而不相悖。今人但知《華嚴》廣於極樂，而不知彌陀即是遮那也。又龍樹於龍宮誦出《華嚴》，而願生極樂；普賢為《華嚴》長子，而願生極樂。文殊與普賢同佐遮那，號「華嚴三聖」，而願生極樂。咸有明據，皎如日星。

大師指出，演說《華嚴》則必然收攝淨土，宣說淨土亦可以貫通《華嚴》；因此，演說《華嚴》者專說《華嚴》，開示淨土者則專說淨土，這也是可以並行不悖的。然而，現今世人只知道《華嚴》比極樂淨土廣大，卻不知道阿彌陀佛即是毘盧遮那如來。

此外，龍樹菩薩入龍宮誦出《華嚴經》，卻願生西方極樂世界；普賢菩薩為華嚴會上的法王長子，亦願生西方極樂；文殊菩薩與普賢菩薩一同輔佐毘盧遮那佛，號稱「華嚴三聖」，也同樣願生西方淨土。這些都有確切的根據，如同日月星辰一樣明白清楚。

大師並邀請曹居士同登極樂世界：「居士遊戲於華嚴無礙門中，而礙淨土，此又不肖之所未解也。不肖與居士同為華藏莫逆良友，而居士不察區區之心；復欲拉居士為蓮胎骨肉弟兄，而望居士之不我外也。」大師認為曹居士遊戲於華嚴的無礙法門之中，卻礙於極樂淨土；因此，大師苦口婆心拉曹居士同為極樂世界清淨蓮胎的骨肉兄弟，希望曹居士不要拒絕。

然而，曹居士認為大師想要牽引他入蓮池苞胎，就如同古人所云：「把人捉入迷途中」，以及「要人拋棄金子而擔取稻草」一樣。他認為，念佛是街坊老齋公、老齋婆的作為，於是又再書寫長信致大師。

大師基於闡明佛法的深義，仍不厭其煩地回覆其書信。大師對他說：「果欲揚禪宗，抑淨土，不消多語。曷不曰：『三世諸佛，被我一口吞盡！』既一佛不立，何人更是彌陀？又曷不曰：『若人識得心，大地無寸土。』既寸土皆無，何方更有極樂國？」大師認為，如果曹居士想要弘揚禪宗、貶抑淨土，也不必多說，何不說：「三世諸佛，被我一口吞盡。」既然，一佛都不立，那裡還有一尊阿彌陀佛？又何不說：「若人識得心，大地無寸土。」既然寸土都沒有了，何處還有極樂世界！只要用這兩句話，曹居士來信的內容就攝無不盡了。

曹居士的書信中，提到不了義經典才談起淨土，而將〈普賢行願品〉、《大乘起信論》視為談淨土的不了義經。大師回應道，《大乘起信論》暫且不說，〈普賢行願品〉以一品而統攝八十卷《華嚴經》全部經義；從古至今，誰敢稱其為不了義經典？曹居士獨推崇《華嚴經》，卻排斥〈普賢行願品〉，認為〈普賢行願品〉是不了義；如此一來，《華嚴經》也變成不了義經。

大師又說，閣下來信提及《法華經》授記往生極樂淨土，是女人修持的因果；那麼，「龍女成佛」也只是女人的因果嗎？閣下又說，阿彌陀佛只是十六王子之一；那麼，毘盧遮那佛也只是二十重華藏世界的第十三層而已。居士獨尊毘盧遮那，奈何卻不知毘盧遮那與阿彌陀是平等不二的。

針對曹居士把淨土行者貶斥為老齋公、老齋婆，大師回覆道，如同古人所說，這不是貶斥愚夫愚婦，而是貶斥同樣願生淨土的文殊、普賢、馬鳴、龍樹等諸大菩薩；還有慧遠大師、善導大師、天台智者大師、永明延壽大師等諸位大師；還有劉遺民、白居易、柳宗元、蘇東坡等諸大君子；這些諸大菩薩、諸善知識都是齋公、齋婆嗎？就算是齋公、齋婆，只要是念佛往生者，即得不退轉位，怎麼能夠輕視貶斥呢？

大師勸曹居士平心靜氣地思惟，為何曹居士推崇華嚴，但極力地毀謗淨土；大師雖專修淨土，卻又不斷地讚歎華嚴呢？

從大師回覆曹魯川的書信中，我們可以瞭解，大師不僅深諳《華嚴經》的奧義，而且博通禪宗、天台宗等諸宗妙理，最終會通於淨土宗。

「三教同源」思想

「三教」是指儒、佛、道三教。儒家的創始人是孔子，其核心思想是仁和禮。道家的創始人是老子（或加上莊子），主要以「道」為宇宙萬物的本源，也是宇宙萬物賴以生存的依據。佛家的創始人是釋迦牟尼佛，主要以「無害行」和「緣起見」為核心思想。

儒、釋、道三家在歷史發展的過程中都先後宗教化；由儒、釋、道各自的學說、哲理演變成一種宗教理論，從而形成儒、釋、道三教。

「三教同源」思想則是認為，儒、佛、道三教的義理並非完全相悖，而是能相互包容和相互融合。儒家最高成就稱為聖人，佛家最高成就稱為佛陀（覺者），道家最高成就稱為至人、神人（出自《莊子》）；聖人、佛陀和至人都是由人修成而非天生，表示三教都認為人可藉由自身之修為而達至極高之精神境界。由此觀之，儒、佛、道三家實是人類生命智慧的結晶，亦蘊涵了甚深的宇宙及人生之道。

儒、道二教是中國本土的智慧結晶；佛教則起源於印度，於東漢時傳入中國，逐漸在中土傳開，廣受世人的崇信。漸漸地，佛教與發展於中國本土的儒教和道教，互相磨合、融合；歷代多位君主和三教的代表人物，幾乎都有「三教同源」說的傾向。

明代的儒學是以理學為主流，承襲著宋朝理學。理學家為了要鞏固儒學於國家的領導地位，不免對佛教跟道教多所批評；尤其是「程朱理學」，為了要避免別人譏譭他們的思想與佛、道教相似，所以對佛、道教思想的批判更為著力。

然而，明朝的三教同源觀念甚為普遍，包括明太祖、成祖及明末四大師，都極力倡導。例如，明太祖著有《三教論》和《釋道論》，推崇儒、釋、道三教並用的政策。他認為，三教雖然側重不同，但其出發點與最終目的是一致的，對於國家的長治久安，三教也可收相輔相成之功。

明太祖曾自制僧律二十六條，頒於皇覺寺。其中一條提到，明經的儒士、雲水四海的高僧及能文的道士都可以留居僧寺，由政府供養；主要是鼓勵僧人也可以參考儒、道二教的法度，提倡三教互相交流。

明成祖朱棣（一三六〇至一四二四）發起「靖難」之役，奪取皇位，得力於佛教名僧道衍禪師（姚廣孝，一三三五至一四一八）的建議和策畫。即位後，成祖對佛教多有關照。成祖時大量善書的編撰，說明三教合一的觀念得到朝廷的支持。成祖在《孝順事實》，將儒家的孝道與道教的感應思想融合在一起。

此外，成祖敕撰《為善陰騭》，提倡「積陰德」的觀念，教化人民行善積德，也使儒、佛、道在「陰騭」的觀念趨於融合。

成祖嫡后徐皇后仁孝（一三六二至一四〇七）是明朝開國功臣軍事統帥徐達（一三三二至一三八五）的嫡長女。徐皇后撰著《勸善書》，是對成祖《為善陰騭》的回應，從而將儒、佛、道三教合一。

明末四大師亦主張三教同源，但觀點不盡相同。

從《自知錄》、《竹窗隨筆》的〈儒釋和會〉及《竹窗二筆》的〈儒佛交非〉、〈儒佛配合〉等文，可以理解蓮池大師認同「三教同源」的看法。

在〈儒釋和會〉一文，大師認為：

有聰明人，以禪宗與儒典和會，此不惟慧解圓融，亦引進諸淺識者，不復以儒謗釋，其意固甚美矣。雖然，據麤言細語，皆第一義，則誠然誠然；若按文析理，窮深極微，則翻成戲論，已入門者又不可不知也。

其意是說，有智慧的人，會將禪宗的語錄與儒家的典籍融會貫通，而不會互相誹謗；這不僅是智慧圓融的作法，也能使一些見解膚淺的人，不再以儒學毀謗佛法，真是良善美意。況且，根據佛經云：「諸佛常軟語，為眾故說麤（粗）；麤語及軟語，皆歸第一義。」意謂佛陀說法不論淺說或是深說，都是徹底圓滿的真理；若凡夫依文解義，即使說得窮深極微，卻都可能是違背真理、不切實際的言論。已入門修習佛法的人對此不可不知。

不過，大師亦未忽略儒、釋之差別。在〈儒佛配合〉一文，大師云：

儒佛二教聖人，其設化各有所主，固不必歧而二之，亦不必強而合之。何也？儒主治世，佛主出世。治世，則自應如《大學》格致誠正修齊治平足矣；而過於高深，則綱常倫理不成安立。出世，則自應窮高極深、方成解脫，而于家國天下不無稍疏。蓋理勢自然，無足怪者。若定謂儒即是佛，則《六經》、《論》、《孟》諸典，璨然備具，何俟釋迦降誕、達摩西來？定謂佛即是儒，則何不以《楞嚴》、《法華》理天下，而必假羲農堯舜創制於其上？孔孟諸賢明道於其下，故二之合之，其病均也。雖然，圓機之士，二之亦得，合之亦得，兩無病焉，又不可不知也。

其意謂儒、佛二教的聖人，施設教化各有所主，固然沒有必要將二教視為對立，也不必勉強將二教融合為一。蓋因儒家注重的是治世，佛教所主張的是出世。治世的教學，自當依照《大學》所倡導的格物、致知、誠意、正心、修身、齊家、治國、平天下，便能達到完善。如果過於高深，則綱常倫理難以安立。至於出世，則自然應當窮究極高深的妙理，才能成就解脫，而對於家庭、國家、世界之事不免稍疏。此乃必然的結果，不足為怪。

如果一定要倡言儒家如同佛法，那麼，《六經》、《論語》及《孟子》等各種經典，璨然齊備，求解脫的人何必等釋迦牟尼佛降生、達摩祖師西來呢？如果一定要說佛法無異儒教，則歷朝帝王為什麼不用《楞嚴經》、《法華經》來治理天下，卻要上借伏羲、神農、堯、舜創立典章制度，下借孔、孟等諸賢所闡明的仁義道德呢？

可見，無論是將儒、佛分開為二，或者合而為一，所產生的弊病是一樣的。儘管如此，對於具有圓頓根機的高士來說，分而為二或合一皆無妨，不致產生偏差。

大師指出，「非佛」或「非儒」於當時皆已太過；儒、佛兩者實可相互為用才是。如其於〈儒佛交非〉文中主張：

自昔儒者非佛，佛者復非儒。予以為佛法初入中國，崇佛者眾，儒者為世道計，非之未為過。儒既非佛，疑佛者眾，佛者為出世道計，反非之亦未為過。

追夫傅韓非佛之後，後人又彷效而非，則過矣！何以故？雲既掩日，不須更作煙霾故。迨夫明教、空谷非儒之後，後人又彷效而非，則過矣！何以故？日既破暗，不須更作燈火故。

核實而論，則儒與佛不相病而相資。試舉其略：凡人為惡，有逃憲典於生前，而恐墮地獄於身後，乃改惡修善，是陰助王化之所不及者佛也。僧之不可以清規約束者，畏刑罰而弗敢肆，是顯助佛法之所不及者儒也。今僧唯慮佛法不盛，不知佛法太盛，非僧之福，稍制之抑之，佛法之得久存於世者，正在此也。知此，則不當兩相非，而當交相贊也。

往昔儒者非議佛教，而學佛的人又非議儒教；大師認為，佛法初傳入中國時，由於崇信佛教的人愈來愈多，儒者出於維護世道的考慮，而非議佛教，其用意是可以理解的。既然儒者非議佛教，此後懷疑佛教的人逐漸增多；學佛的人為維護出世之道，反過來非議儒者，這種做法也不算過分。然而，到了唐朝傅奕、韓愈非議佛教（註一）之後，後人又仿效他們而非議，這就未免過分了；

因為，烏雲既已掩蔽了日光，沒有必要再施放煙霧。到了明教、空谷兩位禪師著書反駁儒者（註二）之後，後人又仿效他們而非議，這也過分了；因為，陽光既已破除黑暗，沒有必要再點燈火。

大師認為，儒學與佛教非但不衝突，其實還可以互相資用。例如，世人造惡業，在生或許可以僥倖逃過法律的懲治，卻害怕死後會墮入地獄，於是改惡修善，這是佛教暗中輔助王化所不及的地方。佛門中有些不能用清規或戒律來約束佛弟子的地方，僧眾則會因畏懼刑法而不敢放肆，這是儒家設立典章法度幫助佛法所不及之處。現今僧人只憂慮佛法不盛，卻不知若佛法太盛亦未必是僧家之福；稍微有所壓抑與制約，也許能使佛法更久存於世，其道理就在此。明白這些道理，則儒家與佛教不該互相非議，而是應當相互支持。

綜上而言，大師認同「三教同源」的看法，不過仍指出三教各有其教義，並不是所有觀點都一樣，只是可以採取調和的態度。

憨山大師曾說：「三教聖人，所同者，心；所異者，跡也。」又說：「不讀《春秋》，不能涉世；不讀《老子》，不能忘世；不參禪，不能出世。」說明儒、佛、道三教相輔相成。憨山大師主要從法界真心開演出萬法，以此觀點詮釋萬法同源和三教同源的義理。

紫柏大師亦認同「三教同源」的觀點。他認為，儒家的顏回和道家的老子，都主張忘卻肉體的執著，都是東方的聖人；不過，他們的忘我境界只是前五根的作用暫時止息，第六根的意識活動仍未止息；而釋迦牟尼佛的教理則可以引導眾生達到六根都止息，永出輪迴。

蕅益大師的想法，則可由〈金陵三教祠重勸施棺疏〉一文中看出：

儒以之保民，道以之一疵癘於物，釋以之度盡眾生，如不龜手藥、所用有大小耳（典出《莊子．逍遙遊》）。故吾謂求道者，求之三教，不若求於自心；自心者，三教之源，三教皆從此心施設。

蕅益大師闡明，儒、道、佛三教，無非都是自心所顯現的，主要是「現前一念心」；大師又從十個方面對比佛教教義與儒學，結果顯示兩者同歸一轍。

他也認同「三教同源」的觀點，對儒家的孔子和顏回極為推崇，對道家的《老子》和《莊子》都給予正面評價；但是，其肯定的只是道家的哲學思想，並不包含民間信仰的道術方士之思想。

總而言之，明朝上自君王，下至儒、釋、道的學者，都或多或少認同三教彼此之間有共同處。正因如此，儒、釋、道三教在中國這片土地上，歷代雖然遇到各種的衝擊和考驗，但仍彼此互相學習、融合，吸收對方的優點，又保有自己的教義，創造多元的中國文化。期望未來彼此能互相尊重和互助合作，以發揮宗教真正的功用，共同提升人類的價值。

一代宗師

明朝中葉，佛教各宗已有衰落不振的趨勢，到了明末萬曆年間，堪稱中國佛教的復興時期，此時法門龍象輩出，其中以弘法及影響最巨、最受景仰的高僧有四位，即雲棲袾宏（一五三五至一六一五）、紫柏真可（一五四三至一六〇三）和憨山德清（一五四六至一六二三）、蕅益智旭（一五九九至一六五五）等四位大師，世人尊稱為「明末四大師」或「明末四大高僧」。四位大師藉由個人的修持，對世人、社會和佛教的復興做出非凡貢獻，其影響力深遠，一直持續到現在，乃至未來。

明末四大師中，以蓮池大師的出生最早，壽命最長，大師雖與權貴來往，但其目的是弘揚佛法，無論是升斗小民或富貴之家，均可以信仰佛法，進而皈依三寶，所謂「天下名公、巨卿、長者、居士，洎諸善信，無論百千萬人，均傾心事師（蓮池大師）。」

大師謹守自持，幸而並未捲入政治風波，免於陷入囹圄之災，故能保有「獨此地（雲棲寺）青山白雲，依然無恙，而流風餘韻，身後猶存」的風範。

大師原本獨自入雲棲山，倚壁禪坐修行。以自己的真修實學，感召僧俗四眾的推崇，附近名儒大官亦前來請益，四方道俗聞風而至，海眾雲集共修淨業。

因此，又被尊稱為「雲棲大師」，雲棲山儼然成為杭州城的大叢林。大師重振蓮風，晝夜六時念佛聲也不絕於山谷，其淨土思想，別成一格，世人稱之為「雲棲宗」。

大師圓寂後，雲棲寺仍維持專修淨土的道場，不募緣，藉栽種作物自給自足，遵守持戒、念佛及放生之道風，深得清朝皇帝的高度肯定。

總之，大師是一位博通三藏，解行並重的一代宗師，不僅當時德高望重，而且福澤於後世。大師一生的行誼，勤苦修學佛法，以德感召眾僧雲集，遂成叢林；重編早晚課誦及法會儀軌，並提倡持戒、念佛、戒殺、放生，並廣為弘揚教法，實是後世行者的典範；其博大精湛的佛學思想，對後輩佛弟子也深具影響力。

大師亦是集佛學之大成者，通達佛教各宗派的思想，而且融會貫通，力倡諸宗融合及三教合一的觀點；並且不辭辛勞地勤奮撰著群書，對佛法的振興與貢獻卓著，使明末的佛教大放異彩。因此，受後世尊為晚明佛教的復興者、明末四大高僧之一、中國淨土宗第八代祖師以及中國華嚴宗第二十二代祖師。

【註釋】

註一：唐朝初期，高祖、太宗皆採「揚道抑佛」政策；太史傅奕採取強烈的夷、夏之防，激化佛教與王權的衝突，欲藉由絕對的政治力，以令沙門還俗、收回寺產等強烈方式毀佛。中唐時期，「唐宋八大家」之一的韓愈受傅奕影響，著〈原道〉等文，主張儒家「道統」，也採取強烈的夷、夏之防排佛。

註二：明初的空谷禪師著有《尚直編》、《尚理編》二編，論述儒佛之間的區別，並極力辨析南宋朱熹之學說潛用佛教義理而卻又駁斥佛法。北宋歐陽修著《本論》，用以批評佛法，並且得到了很多人響應。於是，明教禪師撰《輔教編》，從「歸元至本無二樣」的高度，揭示了儒、釋、道三教的根本相同之處，用以端正當時誤解佛教的學風。歐陽修看到了明教禪師的著述之後，特地拜見明教禪師、請其開示，並深受啟發。

附錄

蓮池大師年譜

歲數—西元—帝號—年號

一歲　一五三五　明世宗　嘉靖十四年

蓮池大師誕生。

七歲　一五四一　明世宗　嘉靖二十年

接受儒家教育。

十七歲　一五五一　明世宗　嘉靖三十年

考上秀才，以學識與孝行著稱於鄉里。

二十歲　一五五四　明世宗　嘉靖三十三年

娶張碩人為妻。

二十四歲　一五五八　明世宗　嘉靖三十七年

碩人生下兒子，名為祖植。

二十七歲　一五六一　明世宗　嘉靖四十年

父親過世，享年七十一歲。

二十九歲　一五六三　明世宗　嘉靖四十二年

兒子五歲夭折。不久，妻子碩人因喪子而悲傷過度也離世。

三十歲　一五六四　明世宗　嘉靖四十三年

續弦湯氏。

三十一歲　一五六五　明世宗　嘉靖四十四年

母親過世，大師決心出家修行。

三十二歲　一五六六　明世宗　嘉靖四十五年

禮請西山無門寺性天和尚剃度為僧。之後，在昭慶寺無塵玉律師處受三壇大戒。

同年，遊學五臺山時，曾因誠心禮拜而感得文殊菩薩放光說法。

三十三歲　一五六七　明穆宗　隆慶元年
拜謁遍融、笑巖兩位禪師，請教佛法。

三十七歲　一五七一　明穆宗　隆慶五年
南歸駐錫杭州雲棲山。

四十二歲　一五七六　明神宗　萬曆四年
再次參訪五臺山，並與憨山大師暢談數日，甚為契合。

五十歲　一五八四　明神宗　萬曆十二年
編寫《往生集》。

五十一歲　一五八五　明神宗　萬曆十三年
纂寫《緇門崇行錄》。

五十四歲　一五八八　明神宗　萬曆十六年
杭州發生瘟疫，杭州太守余良樞恭請大師慈悲移駕杭州靈芝寺主法，大師登壇懇切祈禱；不久後，瘟疫便止息。

同年，余太守恭請大師協助修建朱橋之工程。

五十八歲　一五九二　明神宗　萬曆二十年

在杭州淨慈寺弘法，同時重興戒壇之制，並提倡自誓受戒之法。大師贖回寺前的萬工池，改為放生池。

六十六歲　一六〇〇　明神宗　萬曆二十八年

皇太后派遣使者前往雲棲寺，供養大師紫袈裟和銀錢，並向大師請問法要。

同年，撰寫〈重修上方寺鑿放生池記〉與〈北門長壽庵放生池記〉。

同年，編撰《禪關策進》。

六十七歲　一六〇一　明神宗　萬曆二十九年

因沐浴湯傷；將湯傷的反省與體悟寫成了四則短文〈湯厄〉，用來自我警惕。

六十九歲　一六〇三　明神宗　萬曆三十一年

撰寫〈西方發願文〉。

七十歲　一六〇四　明神宗　萬曆三十二年

撰寫《自知錄》。

七十二歲　一六〇六　明神宗　萬曆三十四年

參與孝義庵落成大典，並為孝義庵訂定規約。

八十歲　一六一四　明神宗　萬曆四十二年

於誕辰日增設放生池。

八十一歲　一六一五　明神宗　萬曆四十三年

春天，《竹窗隨筆》付梓成書。

七月二日，大師圓寂，世壽八十一歲，僧臘五十。

參考資料

蓮池大師著作

《竹窗隨筆》，佛陀教育基金會。
《竹窗隨筆白話解》，佛陀教育基金會。
《阿彌陀經要解》，佛陀教育基金會。
《阿彌陀經疏鈔》，佛教出版社。
《雲棲法彙》，中華佛教文化館。
《靈峰宗論》，佛陀教育基金會。

專書（依姓名筆畫排序）

王煜，《明清思想家論集》，聯經出版社。
陳啓淦，《慈悲護衆生——蓮池大師》，法鼓文化。

陳揚炯，《中國淨土宗通史》，古籍出版社。
項冰如，《蓮池大師傳》，佛光文化事業有限公司。
釋古德，《阿彌陀經疏鈔演義》，佛陀教育基金會。
釋晴虛（修嚴），《中國淨土宗的祖師傳記之研究》，靈泉禪寺華文佛教學院。
釋聖嚴著、釋會靖譯，《明末中國佛教之研究》，法鼓文化。

論文

武明進，〈蓮池大師《阿彌陀經疏鈔》之研究〉，臺灣師範大學碩士論文。
陳皆興，〈雲棲袾宏淨土思想研究——真理觀與實踐論〉，南華大學碩士論文。

期刊

聖嚴法師，〈蓮池大師的淨土思想〉，現代佛教學術叢刊第六十五期，頁三一九至三三〇，一九八〇。

其他

CBETA 電子佛典，二〇一四。

百度百科

維基百科

佛陀教育基金會網站

香光莊嚴雜誌網路版

慈怡主編，《佛光大辭典》，佛光文化事業有限公司。

藍吉富主編，《中華佛學佛教百科全書》，中華佛學佛教百科全書文獻基金會。

國家圖書館出版品預行編目（CIP）資料

雲棲袾宏：蓮池大師／釋空行編撰 — 初版
臺北市：經典雜誌，慈濟傳播人文志業基金會，2020.04
400 面；15×21 公分 —（高僧傳）
ISBN 978-986-98683-8-9（精裝）
1.(明) 釋袾宏 2. 佛教傳記
229.36　　109003723

雲棲袾宏——蓮池大師

創 辦 人／釋證嚴

編 撰 者／釋空行
主編暨責任編輯／賴志銘
行政編輯／涂慶鐘
美術指導／邱宇陞
插圖繪者／林國新
校對志工／林旭初

發 行 人／王端正
合心精進長／姚仁祿
傳 播 長／王志宏
平面內容創作中心總監／王慧萍

內頁排版／尚璟設計整合行銷有限公司
出 版 者／經典雜誌
慈濟傳播人文志業基金會
112019臺北市北投區立德路2號
客服專線／（02）28989991
傳真專線／（02）28989993
劃撥帳號／19924552　戶名／經典雜誌
印　　製／新豪華製版印刷股份有限公司
經 商 商／聯合發行股份有限公司
231028新北市新店區寶橋路235巷6弄6號2樓
（02）29178022
出版日期／2020年 4 月初版一刷
2021年12月初版三刷
定　　價／新臺幣380元